Gundl Kutschera, Eva-Maria Harbauer

In Resonanz leben durch die Kraft Deiner Quelle

Phantasiereisen im NLP

GUNDL KUTSCHERA
EVA-MARIA HARBAUER

In Resonanz leben durch die Kraft Deiner Quelle

Phantasiereisen im NLP

Junfermann Verlag · Paderborn
1996

Covergestaltung: Petra Friedrich
Fotos: Elke und Frieder Lehmann

Satz: adrupa Paderborn
Druck: PDC – Paderborner Druck Centrum

Die Deutsche Bibliothek – CIP-Einheitsaufnahme
Kutschera, Gundl:
In Resonanz leben durch die Kraft Deiner Quelle: Phantasiereisen im NLP / Gundl Kutschera; Eva-Maria Harbauer. – Paderborn: Junfermann, 1996.
ISBN 3-87387-317-6
NE: Harbauer, Eva-Maria; GT

ISBN 3-87387-317-6

Inhalt

Gewidmet:

Unseren Angehörigen und Freunden.

Unseren Lehrern und Schülern.

Unseren inneren Helfern.

Der Natur – den Pflanzen, Tieren, Mineralien.

Den Elementen – dem Wasser, dem Wind, dem Feuer, der Erde.

Und allen, durch die wir die Ideen und die Inspiration
zu den Reisen bekommen haben.

Vorwort

Wenn Du dieses Buch aufschlägst, ist es ein wenig so, als hättest Du eine Türklinke in die Hand genommen und vorsichtig eine Tür geöffnet, die Dich in völlig neue und doch irgendwie vertraute Räume führt. In diesen Räumen wirst Du nichts entdecken, was nicht zu Dir gehören würde.

Und das ist für mich einer der großen Vorzüge dieses Buches: Du wirst liebevoll an der Hand genommen und sicher geführt – aber Du findest auf diesem Weg Deine eigenen Schätze und Fähigkeiten, Deine eigenen Bilder und Farben, Deine eigenen Empfindungen und Melodien.

Und immer bist Du es – Du entscheidest und findest, Du prüfst und verwirfst, Du entdeckst und gehst weiter.

Ich habe in meinem Leben schon viele Leute auf diese und andere Reisen in ihre inneren Welten begleitet und war immer wieder überrascht von den vielfältigen, oft völlig unerwarteten Entdeckungen, die sie auf diesen Reisen gemacht haben. Überrascht von den außergewöhnlichen Lösungen, die sie für ihre Probleme gefunden haben und von dem Reichtum an Kreativität und Phantasie, der sich auftat in dieser inneren Welt.

Aus all diesen Erfahrungen als Reise-Begleiter wie auch aus meinen eigenen Reiseerlebnissen mit vielen verschiedenen Begleitern weiß ich, wie sehr es dabei von der Sprache des Führenden abhängt, ob ich mich sicher fühle, ob ich mich traue, immer tiefer zu gehen, ob ich wirklich loslassen kann und bereit bin für das Neue, das Überraschende, das Wunderbare.

Und darum ist dies ein weiterer Vorzug dieses Buches, den ich hervorheben möchte: seine Sprache. Sie ist sanft und sicher, gibt gleichzeitig Schutz und läßt Freiraum, erlaubt und ermutigt und verschwindet schließlich fast hinter den Erlebnissen, die sie ermöglicht.

Als einen dritten Vorzug dieses Buches empfinde ich die Wahlmöglichkeit, die Du hast: Für jede Reise gibt es zwei Beschreibungen.

Eine, die nur den Rahmen und die großen Linien vorgibt und eine zweite, die Dich Schritt für Schritt durch die ganze Reise führt. Und je nachdem, ob Du eher den weiten Rahmen liebst oder die detaillierten Anweisungen, kannst Du das eine oder das andere wählen – und wechseln und ausprobieren, was Deine bevorzugte Art des Reisens ist.

Ich wünsche Dir, liebe Leserin, lieber Leser, viel Spaß beim Entdecken.

Villars, Juni 1996
Frieder Lehmann

Neue Wege zu Dir selbst

Ich lasse mich ein, auf eine neue Begegnung
mit meinem Unbewußten.
In Träumen und Phantasien entdecke
ich mich selbst neu.
Ich genieße das Abenteuer der Entdeckung.

In Resonanz leben durch die Kraft Deiner Quelle

Die Tür

Der Griff paßt genau
in Deine Hand.
Die Frage ist nur:
Hast Du den Mut,
die Tür zu öffnen?
Sie führt
zu Deinen Schätzen.
Wie jeder Griff.
Und jede Tür.

Frieder Lehmann

Über dieses Buch

Das Jahr 1996 wurde zum Jahr des Gehirns ernannt. Sehr viel und sehr oft werden die beide Gehirnhälften zitiert – die rational analytische und die intuitiv kreative[1] – und doch wissen wir sehr wenig darüber, was tatsächlich im Gehirn passiert.

Über die Theorien gibt es in vielen Büchern Beiträge zu lesen. Dieses vorliegende Buch ist ein praktisches Buch. Eines, das sich auf Grund unserer Arbeit ergeben hat. Wir arbeiten mit NLP und bemerken, daß auch dann, wenn alles, was diese Methode bietet, wirklich gelernt und integriert ist, es manchmal wirkt und manchmal nicht wirkt. Ein wesentlicher Grund dafür scheint zu sein, wie wir unsere Sprache gebrauchen. Im NLP gibt es zwei Möglichkeiten, Sprache zu gebrauchen, das „Meta-Modell" und das „Milton-Modell".

Im Meta-Modell[2] wird eine Sprache verwendet, die genau und spezifisch ist und die dazu dient, Ziele, Pläne, Ergebnisse und Daten etc. zu erfassen. Mit dieser Sprache ist es möglich, genau nachzufragen und den anderen besser zu verstehen. Sie hilft uns, unsere inneren Welten – unsere Landkarten[3] – zu erkennen und zu erfassen, welche Grenzen und Möglichkeiten, welche Fähigkeiten und Weisheiten dem einzelnen zur Verfügung stehen.

Das Milton-Modell[4], benannt nach dem Hypnotherapeuten Milton Erickson, verwendet die Sprache in ganz anderer Form. Die Worte werden möglichst weit gefaßt, so daß der andere viele Möglichkeiten hat, sie selbst zu füllen und sie seiner eigenen inneren Welt anzupassen. Es ist die Sprache, mit der Intuition und Kreativität geweckt werden und die uns das Vertrauen gibt, unsere inneren Sehnsüchte, unsere Wünsche und unsere tiefe innere Wirklichkeit zu entdecken und zu leben. Eine Sprache, die uns Mut macht, unserem Herzen wach zu folgen. Diese Sprache gebrauchen wir, um in unsere innere Wirklichkeit einzutauchen und dort Wissen und Wahrheiten zu finden, die weit über das lineare, logische und bewußte Denken hinausgehen. Das ist entscheidend, weil Gefühle (innere Zustände[5]) wie etwa Sicherheit, Vertrauen oder Lebenslust sehr komplex sind und individuell sehr verschieden empfunden werden, so daß jeder sie nur für sich selbst entdecken kann. Diese inneren Zustände bestimmen, ob wir die Möglichkeit haben, uns in den verschiedenen Situationen unseres täglichen Lebens so auszudrücken, uns so mitzuteilen und verhalten zu können, wie wir es wollen. Mit dieser Art von Sprache können wir eher Ganzheiten erfassen und all dieses Wissen mitbringen in die Realität unseres Alltags. Es sind Metaphern und Märchen, die nicht nur für Trancen und Entspannungen verwendet werden können, sondern die auch unser zwischenmenschliches Miteinander bereichern und lebendiger machen können.

Das vorliegende Buch ist das erste von zwei Büchern. Es bietet uns die Chance, herauszufinden, wie wir uns selbst erkennen und wahrnehmen können und wie wir herausfinden können, wer wir sind und was unsere ganz besonderen Fähigkeiten und Stärken sind. Diese Angebote (Trancen) helfen, bewußter wählen zu können, wie wir uns selbst in verschiedene innere Zustände bringen können, die für die jeweiligen Situationen für uns wünschenswert sind.

Im zweiten Buch werden wir Möglichkeiten anbieten, wie wir mit anderen gemeinsam Intensität und Vielfalt leben können.

Die Basis und Grundannahme von der wir ausgehen ist, daß jeder eine ganz besondere eigene innere Frequenz, Schwingung (Resonanz) hat, die in jedem Gefühl und Verhalten erhalten bleiben kann, wie zum Beispiel bei Freude, Trauer, Ärger, Liebe usw. Kennen wir diese Grundfrequenz und damit unseren eigenen inneren Lebensfluß und können diesen auch beibehalten, wenn wir mit anderen zusammen sind, dann haben wir das Gefühl, daß unser Leben einen Sinn hat, lebenswert ist und wir uns frei fühlen[6].

Häufig passiert es jedoch, daß wir zwar diesen inneren Lebensfluß allein genießen können, ihn aber sofort verlieren, wenn wir mit anderen zusammen sind. Wir haben verlernt, in Verbindung zu sein mit der Tier- und Pflanzenwelt, mit den Mineralien und zum Großteil auch mit den Menschen. Und so besteht die Gefahr, daß nicht unsere Technologien es sein werden, die unsere Erde zerstören, sondern unsere Beziehungslosigkeit (Club of Rome). Wir können uns nur selbst frei machen, indem wir diesen inneren Lebensfluß beibehalten können, auch im Zusammensein mit anderen. Dann werden gleichwertige Beziehungen möglich sein, dann wird unser Leben intensiver sein, unsere Lebensqualität wird sich verbessern und wir werden mit uns und mit anderen toleranter und achtsamer sein können, d.h. demokratisches Handeln im Alltag wird möglich sein. Erst wenn wir die Verbindung zu allem, was uns umgibt wieder spüren, werden wir auch wissen, was diese Erde braucht und erst dann können wir auch unsere Technologien so einsetzen, daß sie das Miteinander fördern und nicht zu Zerstörung führen.

Bis wir so weit sind, ist es jedoch manchmal ein weiter und ganz neuer Weg. Denn oft fühlen wir uns wie in einem Gefängnis und machen gerne andere dafür verantwortlich, obwohl wir selbst es sind, die verantwortlich sind für alles was uns begegnet. Entscheidend ist, was wir selbst denken und in unserem Kopf entstehen lassen. Wenn Teilnehmer mit unserer Ausbildung beginnen, möchten sie meist, daß andere sich ändern, damit es ihnen gut geht oder damit sie Anerkennung und Zuwendung von anderen bekommen, damit sie wissen, daß sie wichtig, gut und schön sind.

Im vorliegenden Buch bieten wir Möglichkeiten an:

- wie wir selbst in unseren inneren Lebensfluß kommen können,
- wie wir ihn auch behalten können, wenn wir mit anderen zusammen sind,
- wie wir eigene innere Feedbackmechanismen finden können, die uns immer wieder bestätigen, daß wir wichtig, gut und schön sind, auch wenn niemand anderes da ist und Zeit für uns hat und
- wie wir auf neue Weise unserer inneren Weisheit begegnen können durch Bilder und Metaphern, die das rationale Denken für eine Weile zur Ruhe kommen lassen.[7]

Bevor wir gemeinsam auf die Reise gehen, soll Dir eine kurze Geschichte noch eine Idee davon geben, wofür dieses Buch gut sein kann: Wenn Albert Einstein die Antwort auf eine Frage suchte, setzte er sich auf „seinen" Lichtstrahl, der ihn ins Universum brachte. Dort fand er dann die Antworten, die er zu Papier brachte und für diese Welt übersetzte.

Wir wünschen Dir, daß auch Du Deine ganz persönliche Metapher für den Zugang zu Deiner eigenen inneren Weisheit und Liebe findest.

All diese wunderbaren inneren Zustände zu erleben und sie von vielen verschiedenen Seiten neu zu entdecken, das ist es, was wir Dir, liebe Leserin, lieber Leser wünschen.

Die Kraft Deiner Quelle

Auf der Suche nach mir selbst
finde ich die Antworten auf meine Fragen:
wer bin ich –
wofür bin ich da –
wie bekomme ich neue Kraft.

In Resonanz leben durch die Kraft Deiner Quelle

Die Wege zu Dir selbst

Auf dem Weg zu mir selbst kann ich von vier „Lehrmeistern“ Hilfe annehmen:

- Ich nehme meinen eigenen **Körper** wahr und spüre ihn.
- Ich kenne meine **innere Kraftquelle** und genieße sie.
- Ich bin im Einklang mit der **Schöpfung,** mit der **Natur** und ihren **Elementen.**
- Ich bin in Verbindung mit **anderen Menschen** und nehme ihr Feedback an.

So erlebe ich es, ganz frei zu werden und doch Nähe zu erfahren.

Die Reisen

Die Reisen in diesem Kapitel helfen Dir, Schritt für Schritt diesen neuen Weg zu gehen. Mit jeder Reise kommst Du Deinem Ziel ein bißchen näher. Du kannst die Reisen genau in dieser Reihenfolge machen, so daß ein Baustein zum nächsten paßt; vielleicht magst Du aber auch lieber spontan eine Reise auswählen, die Dich besonders anspricht – deshalb hier eine kurze Übersicht:

Ich finde zu mir selbst:

Die Kraftquelle – Ich finde meine Kraftquelle und lerne zu wählen, wann ich eine Situation mit allen Sinnen erleben möchte und wann ich Abstand haben will.

Die Energiekugel – Ich erlebe viele intensive positive Gefühle und sammle so Energie für meinen Alltag.

Mit allen Sinnen genießen – Ich entdecke, wie intensiv meine Wahrnehmung wird, wenn ich alle meine Sinne bewußt einsetze.

Lebensfreude – Ich genieße das Leben und freue mich, ganz hier zu sein.

Selbstwert – Ich spüre, wie wertvoll und wichtig ich bin – auch ohne daß ich dafür etwas tun und leisten muß.

Lebensauftrag – Ich erfahre, wofür ich auf der Erde bin.

Herzenswunsch – Ich lerne meinen Herzenswunsch kennen und lebe mit mir und anderen in Resonanz, wenn ich meinem Herzen folge.

Ich habe Helfer:

Das weise Wesen – In mir selbst finde ich bei einem weisen Wesen Antworten auf alle meine Fragen.

Der Baum der vier Fragen – Ich erfahre mehr über meine Lebensaufgabe und ihre ganzheitliche Verwirklichung im Alltag.

Ich integriere meine Teilpersönlichkeiten:

Neue Rollenbilder finden – Ich entdecke, welche fünf Rollen es gibt und wie ich sie leben kann.

Der Koordinator – Ich entdecke, wie ich mit Hilfe des Koordinators die fünf Rollen bewußter im Alltag einsetzen kann.

Das Mandala für Ganzheit:

Das Medizinrad – Ich werde vertraut mit der Ganzheit meines Seins und der Weisheit der Schöpfung.

Kraftquelle

Dissoziation und Assoziation

Eine Reise, die Dich mehr in Kontakt mit Deiner Kraftquelle bringt und Dir hilft, Situationen bewußter zu dissoziieren oder zu assoziieren.

Du liegst in einem Boot in der Sonne und läßt Dich schaukeln.

Schaukelnd bringt Dich das Boot tiefer und tiefer – zu einer verschlossenen Tür, die in die andere Welt führt, und mit Deinem ganz persönlichen Schlüssel öffnest Du sie. Du gehst einen Gang hinunter – und links und rechts von Dir siehst Du Situationen, wo es Dir ganz schlecht ging und im richtigen Augenblick doch Hilfe für Dich da war. Und Du kommst zu einer Tür, hinter der Dein innerer Raum liegt – und Du nimmst ihn mit allen Sinnen wahr.

Und jede Frage, die Du hast, kann Dir dort beantwortet werden.

Eine weitere Tür führt Dich zu Deiner Kraftquelle – und auch diesen Platz nimmst Du intensiv mit allen Sinnen wahr und läßt ihn auf Dich wirken, auf Dich einströmen, Dich einhüllen.

Wenn Du ganz davon erfüllt bist, kommst Du zurück in den ersten Raum und läßt die Tür offen, so daß auch dieser Raum von der Kraftquelle erhellt wird.

Und hier bekommst Du einen Schutz geschenkt, der alles Destruktive abhält und nur das herein läßt, was eine ähnliche Frequenz hat. Und so ist es Dir im Alltag möglich, Deine Werte zu leben.

Eingehüllt in diesen Schutz, siehst Du eine Situation aus Deinem Alltag, wo Du nicht so harmonisch und liebevoll und in Resonanz bist – und Du entdeckst, was Dir dort fehlt – bewußt und mit allen Sinnen.

Den Film dieser Situation mehrmals schnell zurücklaufen lassen, und während das passiert, wird in Deinem Gehirn ein neuer Plan festgelegt, daß immer dann, wenn es Dir schlecht geht, das Programm rückwärts läuft, bis zu dem Punkt, wo es Dir gut geht.

Und dann laß aus Deiner Kraftquelle das Licht in diese Situation strömen, bis sie transformiert ist.

Dann mach noch den Future Pace, wie es in Deiner Zukunft aussehen wird, wenn Du Deine Werte lebst und Deine Kraftquelle spürst.

Mit dem Schutzmantel verläßt Du den Raum und gehst den Gang zurück. Rechts sind alle Erinnerungen, wo Du in der Vergangenheit Deine Werte schon gelebt hast, links – hinter dickem Sicherheitsglas – Situationen, wo Du verletzt wurdest.

Am Ende des Ganges verschließt Du wieder die Tür, das Boot trägt Dich wieder nach oben und Du kommst zurück in diesen Raum.

Kraftquelle

Dissoziation und Assoziation

Diese Reise kannst Du benutzen, immer wenn Du mal das Bedürfnis hast, wieder einmal, oder noch besser, mit Deiner Kraftquelle in Kontakt zu kommen und um Dich zu erinnern, daß Du eingebettet und getragen bist, geborgen und behütet und geführt. Wenn Du entdecken willst, wie dieser Tanz in Dir sich abspielt, zwischen Bewußtem und Unbewußtem. Und zusätzlich auch dann, wenn Du möchtest, daß Du mehr und mehr in Deinem Leben die wunderbaren Situationen assoziiert erleben kannst, daß Du mit dabei bist und genießt. Und daß Du die belastenden Situationen, wo es Dir nicht so gut geht, wo Du Dich oder andere verletzt, abkoppelst und Abstand gewinnst, von Deinem Gefühl und Deinen negativen Emotionen, so daß Du sie betrachten kannst und dadurch neue Möglichkeiten findest, was Du real dann tun kannst in ähnlichen, zukünftigen Situationen.

Und jetzt mach es Dir mal ganz bequem, und denk dabei an Deinen Wert – in Geborgenheit pulsieren, in Frieden lebendig und freudig vibrieren – was immer Dein Wert ist, sag ihn Dir. Und so viel, wie Du jetzt entscheidest loszulassen, soviel wirst Du finden. Fast wie ein Computer – Du gibst einen Befehl, verbal, und läßt los. Laß Dich beschenken. So viel und so intensiv, bis Du das Fließen und Vibrieren bei Deiner Kraftquelle spüren kannst. Du entscheidest – und laß noch ein bißchen mehr los – jetzt. Mit jedem Atemzug tiefer nach innen fallen, ganz von allein. Tiefer, wo all Deine Schätze und Weisheiten sind, so daß Du sie noch natürlicher und noch selbstverständlicher leben kannst. Einatmen und schaukeln – fast so wie ein Baby, das geschaukelt wird. Einatmen, leicht heben – und ausatmen, tief in Dein Inneres fallen – und noch ein bißchen tiefer. Wie der Atem von ganz allein auch in diese Stellen in Deinem Körper fließt, wo noch Spannung ist. Und Du kannst Dir auch vorstellen, wie Du in einem Boot liegst, das fest verankert ist am Ufer. In dem Du es Dir ganz bequem machst und Dich schaukeln läßt. Wie die Sonne Dich erwärmt und erhellt und wie der Wind

Dich streichelt, so daß es gerade angenehm ist. Wenn Du Lust hast, kannst Du noch ein bißchen damit spielen, daß nur *die* Sonnenstrahlen Dich treffen, die heilend für Dich sind. Die Schädlichen bleiben draußen. Daß all dieses Licht und diese Wärme durch alle Deine Hautporen in Dich eindringen, Dich wärmen und hell machen. Jede Zelle, jedes Atom in Deinem Körper und auch zwischen den Zellen ist im Licht, das vibriert – mehr und mehr. Und dadurch wird dieses Fließen und Pulsieren Deines Wertes lebendig. Während Du das geschehen läßt, kannst Du vielleicht das Plätschern hören, wie das Wasser an das Boot schlägt – vielleicht hörst Du auch Geräusche von weiter weg oder von näher da. Vielleicht schaust Du auch zu, wie die Wolken ziehen und beginnst zu träumen, wie Du als Kind geträumt hast. Laß Dich mitnehmen in Deine andere Welt, die Du auch kennst. Deine Träume sind Deine Schätze und Deine Visionen.

Und Du kannst Dir vorstellen, das es ist, als ob das Boot mit Dir in die Tiefe geht. In sicheren kreisförmigen Bewegungen, wie eine Spirale, tiefer und tiefer. Oder wie ein Blatt, das in die Tiefe fällt, von einer Seite zur anderen. Tiefer und tiefer bis zum Grund – und Du kannst ruhig und geschützt weiter atmen und noch ein bißchen mehr aufgeben und loslassen. Tiefer und tiefer.

Und dort unten am Grund machst Du Dein Boot fest und befindest Dich an einer großen verschlossenen Tür, die Deine ist – das Tor zur anderen Welt. Und Du allein weißt, wo der Schlüssel ist. Du holst ihn und schließt auf. Und hinter der Tür ist ein langer Gang, an dem – ganz am Ende, in weiter Ferne – Licht ist. Zu diesem Licht zieht es Dich hin – ganz natürlich, ganz gemütlich – während links und rechts von Dir am Gang viele Situationen für Dich da sind, wo es Dir ganz schlecht ging und immer im richtigen Moment Hilfe für Dich da war. Oft dann, als Du gerade ganz aufgegeben hattest, war plötzlich Hilfe da. Und während Du gehst, erinnerst Du Dich noch einmal an alle diese Situationen. Und mit jedem Schritt hast Du mehr und mehr das Gefühl, daß Du geführt bist und daß Hilfe da ist. Und trotz allem entscheidest *Du* und gibst die Richtung an – hin zum Licht. Näher und näher. An manche dieser Hilfen, die Dir da gezeigt werden, kannst Du Dich vielleicht erinnern, manche sind vielleicht ganz überraschend. Du hast sie vielleicht nie als Hilfen empfunden und doch waren es welche.

Näher und näher zum Licht am Ende des Ganges – zu Deinem Raum. Dein Raum, in dem alles da ist, was Du benötigst, wo es Dir gut geht und wo Du in liebevoller Freude schwingen und pulsieren kannst. Wo Du in Resonanz bist, in Harmonie mit all dem, was Du bist, mit all dem, was Dich umgibt.

Dein Raum – schau Dich um, horch, spür. Vielleicht indem Du herumgehst, vielleicht auch, indem Du Dich wohin setzt und es wirken läßt – alles, was da ist. Vielleicht ist ganz viel da, vielleicht auch ganz wenig. Vielleicht hat sich auch einiges verändert, seit dem letzten Mal wo Du da warst. Vielleicht sind auch nur kleine Feinheiten anders. Dein Raum. Vielleicht sind auch Helfer da. Vielleicht auch Helfer, die ganz anders sind, als Du es Dir vorgestellt hast. Und jede Frage, die Du hast, kann jetzt beantwortet werden.

Und laß diesen Raum auf Dich wirken – und die Antworten. Vielleicht werden sie Dir gesagt, gezeigt, vielleicht spürst Du sie nur – eine Befreiung. Und dann bemerkst Du, daß noch eine Tür da ist in Deinem Raum. Und Du weißt, daß diese Tür zum Gleichnis Deiner Quelle führt – zu Deiner Kraftquelle. Und Du kannst vielleicht auch spüren, wie auf der einen Seite diese Sehnsucht in Dir da ist, hinzukommen – noch ein bißchen näher. Und auf der anderen Seite ein bißchen Angst vor dem Neuen, Angst vor dem Loslassen.

Und wenn Du Dich für die Sehnsucht entscheidest und weißt, Du bist sicher, dann kannst Du vertrauensvoll die Tür öffnen und da sein. Laß Dich überraschen, was da ist. Vielleicht etwas, das Du gut kennst, vielleicht etwas ganz Neues. Vielleicht etwas Abstraktes, vielleicht Natur. Was immer auch da ist, hat eine besondere Wirkung auf Dich durch besondere Farben, Helligkeit oder Töne, besondere Schwingungen oder Frequenzen. Oder durch besondere Gerüche. Und wenn sie Dich treffen, wenn Du Dich öffnest und sie in Dich herein läßt, wird alles in Dir lebendig, fröhlich und leicht. Und Du kannst Dich dem jetzt hingeben – ganz. Der Helligkeit, den Farben, den Tönen oder Gerüchen. Und wie sie zu Dir hinkommen, in Dich eindringen, Dich einhüllen und Du ganz dieses Gleichnis wirst – jetzt – mit jedem Atemzug mehr und mehr, ganz von allein. Hier bist Du getragen und geborgen, angenommen, so wie Du bist. Hier ist es egal, ob Du was tust oder nicht tust. Du bist wichtig und wertvoll.

Und laß es geschehen, was jetzt da ist für Dich. Wie es in jede Zelle, in jedes Atom eindringt und Dich anfüllt, Dich licht und hell macht, wie Deine Melodie zu klingen beginnt – vielleicht auf neue und wunderbare Art und Weise. Und mehr und mehr vibrierst und pulsierst Du – alles wird lebendig in Dir. Gib Dich dem eine Zeitlang ganz hin und wenn Du zurückkommst, wird es mit Dir sein – Du wirst entdecken, wie es überall und in jedem natürlich da ist. Diese besondere Kraftquelle von Licht und Tönen – wie sie Dich umgibt. Und Du kannst zurück in Deinen Raum gehen und die Tür offen lassen, so daß Dein ganzer Raum durchflutet wird von allen diesen Quellen-Qualitäten. Dieses Licht, diese Farben, wie sie alles überfluten. Die Melodien, die Gerüche. Vielleicht nimmst Du das eine noch mehr wahr und das andere noch weniger. Aber jedes Mal wird es intensiver.

Und hier in Deinem Raum kannst Du einen ganz gemütlichen Platz finden, Dich überraschen lassen, wie sich vielleicht das eine oder andere in diesem Raum verändert. Wenn er überflutet wird von diesem wunderbaren Licht und den Farben Deiner Kraftquelle. Und während das alles von ganz allein geschieht, spürst Du, was alles notwendig ist, um Deinen inneren Raum zu haben. Um in Dir in Resonanz zu sein und was das heißt. Laß Dir einen Schutz schenken, den Du immer dann gebrauchen kannst im täglichen Leben, wenn Destruktives auf Dich einströmt – egal woher und von wem. Daß dieser Lichtschutz Dich einhüllt, so daß alles Destruktive an Dir vorbeizieht und nur das in Dich eindringt, was eine ähnliche Frequenz hat, ähnliche Farben und ähnliche Töne. Und laß Dich überraschen, welcher Schutz Dir jetzt geschenkt wird, der durchlässig ist von innen heraus und der von außen alles vorbeiziehen läßt, was für Dich im Moment nicht günstig ist, nicht gesund ist. Diesen Schutz, der ganz subjektiv nur für Dich da ist – jetzt. Und dann laß ihn Dir noch verbessern, so daß von außen wirklich nichts reinkommt. Keine Emotionen und keine Schläge – seien das jetzt physische oder psychische. Und wie dieser Schutz selbst all das Spezielle Deiner Kraftquelle selbst enthält, die in Dir da ist. Und Du nicht nur geschützt bist, sondern gleichzeitig auch auftankst und lebendig und freudig wirst.

Und diesen Schutz kannst Du jetzt auch benutzen, um Dir eine Situation schenken zu lassen in Deinem täglichen Leben, wo es Dir nicht so gelingt, Deinen Wert zu leben, so liebevoll aus Deiner Mitte heraus zu sein, wie Du es gerne möchtest. Laß Dir eine Situation schenken, wo Dein Leben um vieles leichter werden würde, wenn Du da freier wärst. Wo es eine große Erleichterung und Selbstverständlichkeit wäre und wert wäre, so zu leben. Und laß Dir jetzt diese Situation zeigen – in sicherer Entfernung, so daß Du sie noch gut und klar siehst, Du aber in Deinem Schutz gut aufgehoben bist, indem die Gefühle und Emotionen Deiner Quelle bleiben und Du die Situation betrachtest wie bei einem Fernsehfilm oder etwas ähnlichem. Wo Du Dich selber siehst in dieser Situation, wo Du mittelmäßiger bist, nicht ganz so voll in Aktion, nicht ganz so liebevoll und fließend. Und laß Dir diese Situation zeigen – ganz genau. Was passiert da – vom Beginn bis zum Ende. Was ist für Dich da? Und auch, wie Du trotz der Schwierigkeit das schaffst und wie Du das machst, daß Du immer und immer wieder in den gleichen Teufelskreis kommst. Während Du ganz gemütlich in Deinem Schutz bist und das da draußen betrachtest – Dich selber, mittelmäßig.

Beginn und Ende. Und Du schaust genau, wie es dazu kommt und wie es sich aufschaukelt. Wer welche Signale setzt und wie Du oder andere Beteiligte reagieren auf bestimmte Signale – und wer beginnt zuerst, wer macht unbewußt das erste Signal, auf das der andere reagiert und durch das sich das aufschaukelt. Und Du entdeckst, welche Signale mit welchen Emotionen gekoppelt sind, verankert sind. Und auch, daß Du den Ton von da draußen hörst. Und wie die Bewegungen in diesem Film sind – eher hektisch, eher steif. Und wie die Farben sind – oder ist es eher schwarz-weiß? Ist es eher deutlich oder verschwommen? Und wie Du es hörst – deutlich oder eher von weiter weg, laut oder leise, eher hoch oder tief, wie schnell oder langsam ist es?

Und dann gehst Du ganz an das Ende vom Film und läßt ihn rückwärts laufen. Vom Ende bis zum Beginn. Und jeder Film, der rückwärts läuft, läuft schneller – auch die Stimmen dazu. Ganz schnell von Ende zum Beginn laufen lassen – ein paar Mal. Und während das passiert, weiß Dein Gehirn und es wird der neue Plan festgelegt, daß immer, wenn es Dir schlecht geht, das Programm rückwärts läuft – hin zu dem Punkt, wo es Dir gut geht. Ganz von allein. Und dann betrachtest Du nochmal die Situation – was braucht jeder Beteiligte? Welchen inneren Zustand brauchst Du, welchen die anderen? Ein innerer Zustand wie Sicherheit, Geborgenheit, Vertrauen. Was ist es, was Du brauchst und all die anderen Beteiligten? Vielleicht kannst Du auch feststellen, daß alle so ziemlich das gleiche brauchen – und weil es niemand hat, kann es auch niemand hier in diese Situation einbringen. Und Du entdeckst, daß jeder in diesem Moment das Beste macht, was er kann. Du und die anderen, ihr wißt nicht, was besser ist im Moment.

Und wenn Du diesen inneren Zustand hast, der Dir fehlt, ob das jetzt Liebe ist oder Geborgenheit, Sicherheit oder Vertrauen, Freude oder Leichtigkeit, Spielen und Spaß, dann laß durch Deinen Schutz hindurch das Licht aus Deiner Kraftquelle fließen und die Farben hinströmen in diese Situation, und laß es geschehen, daß sie sich verändert und transformiert. Und daß jeder das kriegt, was er braucht – jetzt. Und indem jeder das kriegt, was er braucht – diesen speziellen inneren Zustand, diesen Schatz – ermöglicht das Dir und den anderen automatisch, Euch anders zu verhalten, neue Möglichkeiten zu finden. Und die läßt Du Dir zeigen. Mindestens drei andere Möglichkeiten, die Du in dieser und in ähnlichen Situationen hast – jetzt. Indem Du es geschehen läßt, wird Dir geschenkt, was Du brauchst – neue Möglichkeiten. Und natürlicher und natürlicher fließt mehr und mehr von all dem wunderbaren Licht und den Farben aus Deiner Quelle heraus in diese Situation, so daß Du mehr und mehr natürlich und automatisch diesen neuen inneren Zustand hast und neue Verhaltensmöglichkeiten. Bis alles so ist, wie Du möchtest. Und wenn Du merkst, wie mehr und mehr von der Quelle da ist, kann diese Situation näher und näher kommen. Bis Du ganz drin bist – ganz da – und das Neue spürst. Überall hin, bis zu den

Zehenspitzen. Und laß es wie eine Welle nach oben gehen und Dich durchfluten. So daß alle Zellen in Dir, Deine Hormone, Deine DNA diese neue Kodierung ganz natürlich aufnehmen – jetzt.

Und mit dieser neuen Kodierung in Dir läßt Du Dir Deine Zukunft zeigen. Wie Du da bist – ein halbes Jahr später – und zurückschaust, wie langsam und natürlich diese neuen Verhaltensweisen in dem letzten halben Jahr in Deinem Privaten und Deinem Arbeitsbereich Veränderungen hervorgerufen haben. Natürlich, automatisch und selbstverständlich, so daß es Dir möglich ist, mehr und mehr, Deinen Wert lebendig zu spüren und aktiv zu leben – mit anderen. Und was waren die wesentlichen Schritte? An welchen Stellen bist Du vielleicht wie ein Kind hingefallen und hast gewußt, Du kannst das lernen und Du stehst auf und gehst weiter – die Richtung kennst Du.

Und dann geh nochmal in den Raum zurück und in Deinen Schutz. Du spürst ihn – so natürlich, wie ein imaginärer Schutzmantel um Dich herum ist, der Dich begleitet, wo immer Du hingehst. Bedank Dich in dem Raum für alles und Du gehst zurück in den Tunnel mit diesem Schutz. Und bei jeder Bewegung spürst Du ihn, wie er Dich begleitet. Und wie er Dir helfen wird, auch in Zukunft in schwierigen Situationen liebevoll, Deinem Wert entsprechend und Deinem Ziel entsprechend zu handeln und nicht zurück-verletzen zu müssen, wenn andere destruktiv sind. Mit diesem natürlichen Schutzmantel um Dich herum gehst Du in den Gang zurück. Und dann im Gang auf der rechten Seite sind all Deine Erinnerungen, wo Du voll und ganz Deinen Wert schon gelebt hast – ob bewußt oder unbewußt, sichtbar für Dich – jetzt – oder spürbar. Offen ausgebreitet zu Deiner Rechten. Mit jedem Schritt Neues, mit jedem Schritt Intensität, in diesem wunderbaren Pulsieren. Und auf der linken Seite, sicher hinter dickem Glas, hinter dickem Sicherheitsglas, all Deine Situationen, wo Du verletzt wurdest. Wo es schmerzhaft für Dich war – mehr oder weniger. Beides – zu Deiner rechten und linken Seite ausgebreitet. Links sicher geschützt hinter Glas. Und Du merkst, wie vielleicht auch manche nach Dir greifen wollen, aber nicht zu Dir hinkommen. Und wie Du nicht nur durch das Glas geschützt bist, sondern auch durch Deinen Schutz. Und rechts ausgebreitet entdeckst Du all das Wunderbare. Vielleicht manche Situationen, wo Du Deinen Wert in der Natur lebst, manche in Räumen, manche mit anderen und manche allein. Alles Du. Diese Vielfalt. Vielleicht auch bewußter und manchmal auch unbewußter, daß Du diesen Wert gelebt hast. Mit jedem Schritt mehr – mit jedem Schritt natürlicher, daß beides da ist und Du Dich entscheidest, welcher Seite Du Dich mehr zuwendest. Aber auch, wie die linke Seite Dir geholfen hat, vieles zu lernen, zu verstehen. Wie es Dir vielleicht geholfen hat, Schritt für Schritt, zum Licht und zur Quelle hin zu finden. Und weiter und weiter gehst Du den Gang, nimmst wahr soviel wie Du willst, oder so wenig wie Du willst. Oder Du spürst nur Deinen Schutz, wie er sich anfühlt und mit jedem Schritt natürlicher wird, selbstverständlicher – bis zum Ende. Und vielleicht siehst Du jetzt nur einige Erinnerungen, vielleicht auch mehrere. Wichtig ist nur, daß das Unterbewußtsein weiß, daß Du sicher bist. Das Negative geschützt hinter Glas – das Positive zugänglich und intensiv zu Deiner Rechten.

Und am Ende des Ganges verschließt Du wieder Deine Tür. Gibst den Schlüssel an seinen Platz, findest Dein Boot, das Dich nach oben bringt, in den gleichen ruhigen, friedlichen und liebevollen Bewegungen. Und je mehr Du nach oben kommst, je mehr Du hinkommst, zum natürlichen Tageslicht der Erde, desto mehr beginnst Du in Dir die Freude zu spüren, daß Du lebst. Daß Du einen Körper hast, der lebendig ist und gesund und daß Du mithelfen kannst und unsere Erde mit gestalten kannst. Und während langsam diese Freude mehr und mehr wird, spürst Du, wie auch hier dieser Schutz mit Dir ist. Du atmest ein und streckst und dehnst Dich und bist neugierig, wie er sich anfühlt, wenn Du aufstehst und Dich bewegst. Vielleicht, wenn Du hinaus spazierengehst in der Natur oder vielleicht, wenn Du Dir Musik machst – eine langsamere, eine schnellere – und die Bewegungen findest, die dazu gehören. Und wie es sich anfühlt, sich natürlich zu bewegen und den Schutz um Dich herum zu haben – was Dir vielleicht noch leichter ist. Privat und beruflich in Liebe zu vibrieren, in Harmonie zu pulsieren oder was immer Dein Wert ist. Und dann atmest Du mal tief ein, streckst Dich und dehnst Dich und kommst wieder ganz hierher. Und Du bist neugierig, wie dieser Schutz sich anfühlt, wenn Du ganz da bist. Was sich verändert und was anders ist in Deinem Körper. Wie spürst Du es und wie nimmst Du es wahr – hier und jetzt? Und welche Bewegungen gehören dazu? Und wie sind sie, wenn Du so geschützt bist? Und wenn Du Lust hast, kannst Du es noch länger nachklingen lassen oder ganz hierher kommen – jetzt.

Die Energiekugel

Ein Stapelanker

Eine Reise für Energie und zum Verankern intensiver Gefühle.

Durch eine Tür betrittst Du die andere Welt.

Du bist in einer Sommerlandschaft, die Du mit allen Sinnen intensiv wahrnimmst.

Auf einer Anhöhe steht Dein ganz persönlicher alter und schöner Laubbaum.

Du begrüßt ihn, setzt Dich unter ihn und genießt seine Kraft und Nähe.

Eine schillernde Kugel schwebt wie eine Seifenblase auf Dich zu und Du nimmst sie in Deine Hände.

Du beginnst Dich zu erinnern,
- ▼ an eine Situation, wo Du ganz intensiv Freude erlebt hast,
- ▼ an eine Situation, wo Du ganz intensiv Begeisterung erlebt hast,
- ▼ an eine Situation, wo Du sehr erfolgreich warst,
- ▼ an eine Situation, wo Du sehr intensiv Dankbarkeit empfunden hast,
- ▼ an eine Situation, wo Du Dich ganz geborgen, beschützt und sicher gefühlt hast,
- ▼ an eine Situation, wo Du ganz erfüllt warst von Liebe.

Und jede dieser Situationen erlebst Du zuerst ganz intensiv mit allen Sinnen, Du spürst, wo in Deinem Körper die Gefühle entstehen und wie sie sich dann über den ganzen Körper ausbreiten – dann strömt jedes Gefühl in die Kugel, macht sie heller und strahlender, und das Gefühl strömt auch von der Kugel in Dich zurück.

Anschließend erlebst Du noch einmal in Verbindung mit der Kugel alle Gefühle in schneller Folge immer wieder – Du spürst den Austausch zwischen Dir und der Kugel.

Und dann legst Du sie in die Stelle Deines Körpers, von wo aus sie am besten strahlen und Dich erfüllen kann und läßt Deine Hände dort noch eine Weile bewußt liegen.

Die Kugel wirkt wie eine Batterie – wenn Du erfüllt bist von diesen Gefühlen und all den anderen positiven Gefühlen, die für Dich wichtig sind, dann lädt sie sich auf und gibt diese Gefühle wieder an Dich ab, wenn Du sie brauchst und die Hände zum Zeichen dafür wieder auf diese Stelle legst.

Dann verabschiede Dich wieder von Deinem Baum und komm zurück durch die Tür in diesen Raum.

Die Energiekugel

Ein Stapelanker

Diese Reise schenkt Dir ganz viel Energie, weil sie Dir hilft, viele intensive Gefühle in Dir zu verankern und damit die Wirkung jedes einzelnen Gefühls noch zu verstärken. Egal, ob es Dir gerade nicht so besonders geht, sei es wegen Krankheit oder anderer Probleme, oder ob Du einfach nur ganz viel Energie und Lebensfreude tanken möchtest, diese Reise wird Dir eine gute Hilfe sein, Dein Leben wieder mit einer völlig neuen Power und Lebenslust anzupacken und zu genießen.

Und wenn Du dann bereit bist für diese Reise, dann mach es Dir ganz bequem und spür mal in Dich hinein, wie es Deinem Körper jetzt gerade geht – ist er kraftvoll und energiegeladen oder eher schwach und kraftlos, gibt es Verspannungen oder auch Stellen, die Dir gar nicht bewußt sind? Und dann überleg einmal für Dich, was dieser Körper heute schon für Dich geleistet hat. Wie liebevoll bist Du mit ihm umgegangen? Hast Du ihn überhaupt so ganz zur Kenntnis genommen, oder war er für Dich nur Hilfsmittel, um Deine Aufgaben zu erledigen? Wieviel direkte Zuwendung hast Du ihm heute schon geschenkt – in Deiner Ernährung, in Deinen Bewegungen, in Deinem inneren Gleichgewicht? Und vielleicht verspürst Du Lust, Dich mal bei ihm dafür zu bedanken, daß er immer für Dich da ist und all Deine Aktionen mitmacht, so gut es ihm in seiner augenblicklichen Verfassung eben möglich ist. Und während Du so Kontakt mit ihm aufnimmst, Dich ihm ganz bewußt und ganz liebevoll zuwendest, spürst Du, wie er durch diese Zuwendung mehr und mehr zur Ruhe kommt, mehr und mehr loslassen kann und wie auch die angespannten Stellen durch Deine liebevolle Achtsamkeit mehr und mehr loslassen dürfen. Mit jedem Atemzug ein bißchen mehr. Und jeder Atemzug wird noch ein bißchen tiefer und bewußter als der vorherige – noch ein bißchen entspannter, gelöster. Kraftvolle Ruhe – ruhevolle Kraft. Bis Du ganz durchströmt wirst von diesem ruhigen Atem, der tiefer und tiefer wird, Dich mehr und mehr hineinschaukelt in diesen friedvollen, gelösten, entspannten Zustand. Der Dich mehr und mehr zu Dir selbst führt, tiefer und tiefer hinein in Deine eigene Gegenwart, in diesen Augenblick, wo nichts zählt, außer der Tiefe und Ruhe Deines Atems und der Stille Deines Herzens. Wo alles ruhig wird und zum Schweigen kommt, was Dich den ganzen Tag aufgewirbelt hat. Wo Dein Blick sich ganz nach innen richtet, auf die Dinge, die Deine eigene Persönlichkeit in ihrer ganzen Vielfalt prägen. Wo Du ganz Du selbst sein darfst – so wie es Dir geht und wie Du Dich fühlst und denkst und empfindest. Und mehr und mehr spürst Du, wie Du eingehüllt bist, wie in eine Schutzhülle, die alles abhält, was von außen auf Dich eindringen will – eingehüllt wie in einen weiten, warmen Mantel oder wie ein Küken in seiner Eihülle. Und Du selbst bestimmst, wie intensiv dieser Schutz werden soll – was Du noch durchlassen willst und was Du abschirmen möchtest. Und so wie Du all das abschirmen kannst, was von außen noch auf Dich zukommt, so kannst Du Dich auch abschirmen gegen all die Gedanken, die Dich da noch beschäftigen, bis es ganz still wird in Dir, Du mehr und mehr zur Ruhe kommst und tiefer und tiefer entspannst – nur noch da sein – nichts tun, nichts denken, nur da sein – ganz bei Dir, ganz in Dir – ruhig und fließend und strömend und still. Mit jedem Atemzug noch ein bißchen mehr. Alles, was da noch ist in dieser Stille, einfach hinausatmen, bis nichts mehr da ist außer dieser Kraft und Ruhe und Stille – ganz in Dir selbst. Entspannt und gelöst und ruhig.

Und dann, wenn Du bereit bist, kannst Du hinüber gehen, in diese andere Welt, die es da auch noch gibt. Die in Dir liegt und die all die Werte besitzt, die Du für Dein Leben, Deinen Weg und Deine Aufgabe brauchst. Und Du betrittst diese Welt vielleicht durch eine Tür, vielleicht ist es aber auch, wie wenn sich ein Nebel in Dir lichtet und Dir den Blick freigibt auf diese andere Welt. Und vielleicht bist Du schon oft dorthin gegangen und freust Dich schon auf das, was da kommt, vielleicht ist es Dir aber auch noch ganz neu und Du weißt noch nicht so recht, wie es Dir dort gefallen wird. Und während Du spürst, wie das für Dich ist, tauchst Du ein in diese Welt und betrittst eine wunderschöne Landschaft mit sanften Hügeln und grünen Wiesen. Und Du siehst die vielen bunten Farben und das satte Grün und atmest die wunderbar würzige, duftende Luft tief ein. Und Du spürst, wie die Sonne angenehm warm ist und wie ein zarter Windhauch Deine Wangen streichelt. Und während Du ein paar Schritte gehst und die Fülle der Eindrücke in Dir wirken läßt, siehst Du vor Dir auf einer leichten Anhöhe einen wunderschönen großen alten Laubbaum – und auch, wenn Du ihn vielleicht noch nie zuvor gesehen hast, so wird Dir bei seinem Anblick sofort diese intensive Anziehung und diese wunderbare Vertrautheit bewußt, die zwischen Dir und diesem Baum besteht. Und mit jedem Schritt, den Du näher kommst, wächst diese Vertrautheit und Du spürst, daß dies Dein ganz persönlicher Baum ist, der immer schon hier war und gewachsen ist – nur für Dich. Um Dir Kraft und Ruhe, Weisheit und Nähe zu schenken und all das andere, was Du für Dich so dringend brauchst, damit es Dir gut geht und Du ganz entspannt und gelöst in Dir ruhen kannst.

Und so begrüßt Du nun diesen Baum, wie einen guten alten Freund – ganz liebevoll und freudig und spürst, wie gut Dir seine Nähe tut. Und vielleicht hast Du schon beinahe so etwas wie ein Begrüßungsritual mit ihm, vielleicht ist es aber auch ein erstes behutsames Annähern, das Dich spüren läßt, daß Du angekommen bist, hier bei diesem Baum, bei dem Platz, der Dir ganz viel schenken kann und Dich erfüllt mit all dem, was Du Dir so sehr wünschst. Ein Platz, an dem all Deine Werte ganz lebendig sind und Du allein durch die Nähe des Baumes schon neue Energie und Lebensfreude tanken kannst.

Und während Du da sitzt und Dich umschaust, dem Rascheln der Blätter in der Baumkrone lauschst und den Duft des Baumes einatmest, taucht mitten im tiefen Blau des Sommerhimmels eine durchsichtige, schillernde Kugel auf – schillernd und glänzend in der Sonne, wie eine Seifenblase, die langsam auf Dich zuschwebt. Gerade so groß, daß Du sie gut in Deine beiden geöffneten Hände aufnehmen kannst. Und die Kugel bleibt dort in Deinen Händen liegen, ganz ruhig und glänzend und leicht, und zu Deiner Überraschung platzt sie nicht wie eine Seifenblase, sondern fühlt sich wunderbar glatt und leicht an, so daß Du sie gerne in Deinen Händen hältst.

Und während Du ihr schillerndes Farbenspiel beobachtest und vielleicht sogar einen feinen Duft riechst oder einen wunderschönen Klang hörst, beginnst Du Dich zu erinnern, an eine Situation, in der Du ganz intensiv Freude erlebt hast. Wo Dein ganzer Körper erfüllt war von überschäumender Freude – ganz stark und schön. Und Du siehst noch einmal all das vor Dir, hörst, was es da für Töne, Stimmen, Geräusche gibt und spürst, wie Dich dieses Gefühl ganz intensiv erfüllt. Und vielleicht verbindest Du mit dieser Situation sogar einen ganz bestimmten Duft oder Geschmack. Was immer es auch ist, was in dieser Situation so besonders war, Du erlebst es noch einmal in all seiner Intensität und Fülle und bist ganz erfüllt von reiner, tiefer Freude. Und je intensiver Du Dich zu erinnern beginnst, desto intensiver spürst Du diese Freude auch jetzt wieder in Dir, Du spürst, wo in Deinem Körper sie entsteht und wie sie sich mehr und mehr ausbreitet, bis sie Deinen ganzen Körper erfüllt und belebt. Und während diese Freude noch immer mehr und mehr wird, Dich einhüllt, belebt und in Dir zu pulsieren beginnt, entdeckst Du, wie diese Freude über Deine Arme und Deine Hände auch beginnt, zu dieser Kugel zu fließen, die noch heller zu glänzen beginnt, noch lichter wird, noch schöner zu klingen beginnt und sich noch angenehmer in Deinen Händen anfühlt – und vielleicht beginnt sogar dieser feine Duft noch ein bißchen stärker zu werden, je mehr Freude aus Deinen Händen in die Kugel fließt. Und je mehr Freude Du spürst, desto mehr Freude erfüllt die Kugel, desto lichter wird sie und desto intensiver beginnt dieses Gefühl der Freude aus der Kugel heraus in Deine Hände und Arme und in Deinen Körper zurückzufließen, so daß sich auch in Dir dieses Gefühl der Freude noch mehr verstärkt.

Und während dieses intensive Gefühl der Freude weiter durch Deinen Körper strömt, beginnst Du Dich zu erinnern an eine Situation, in der Du ganz begeistert warst. Wo Du Dich für etwas so begeistert hast, daß es keine Hindernisse und Fragen mehr für Dich gab und Du ganz ungeahnte Fähigkeiten und Energien entwickelt hast. Einfach nur durch die Kraft dieser Begeisterung. Und Du siehst die Szene noch einmal ganz deutlich vor Dir, hörst und fühlst, was dort geschehen ist und wirst mehr und mehr wieder erfüllt von dieser riesigen Begeisterung, die irgendwo in Deinem Körper zuerst da ist und sich von dort mehr und mehr ausbreitet. Und während dieses Gefühl der Begeisterung noch stärker wird in Dir, entdeckst Du, wie auch diese Begeisterung wieder hinströmt zu der Kugel in Deinen Händen, die dadurch noch schöner, bunter und heller wird. Und vielleicht ist da auch wieder dieser Klang und dieser Duft, die noch schöner und stärker werden, je mehr von Deiner Begeisterung auf die Kugel übergeht. Und während die Kugel noch intensiver zu leuchten beginnt, fließt all die Begeisterung auch wieder von ihr in Deinen Körper zurück und verstärkt so noch mehr und mehr diese intensive Begeisterung in Dir.

Und so läßt Du auch diese Begeisterung weiter in Dir pulsieren, während Du Dich an eine Situation erinnerst, in der Du ganz erfolgreich warst – einen dieser Moments of Excellence – einen dieser Augenblicke, in denen alles möglich ist und wo Du erfolgreich geschafft hast, was Dein Ziel war. Und auch diese Situation wird vor Deinem inneren Auge wieder ganz lebendig – mit all ihren Bildern, Farben, Klängen und Tönen, mit all den Gefühlen, die Du dort hattest und mit all den Düften, die Du damit verbindest. Und so entsteht dieses Gefühl irgendwo in Deinem Körper und wächst und breitet sich aus, bis Du ganz erfüllt bist von diesem Gefühl des Erfolgs, von diesem Wissen: „Ich kann es und ich schaffe es – und ich kann alles, was ich wirklich will." Und Du genießt diesen Erfolg in vollen Zügen und weißt, daß Du das Recht dazu hast, weil Du allein es geschafft hast, in dieser Situation so erfolgreich zu sein. Weil Du allein all das Wissen und all die Fähigkeiten, aber auch all die Kraft in Dir hast, um so erfolgreich zu sein. Und während Du immer intensiver Deinen Erfolg genießt, fließt auch diesmal ganz viel von dieser besonderen Energie in die Kugel – und wieder wird sie noch schöner, noch strahlender und heller. Und wieder fließt dieses Gefühl des Erfolgs auch aus der Kugel wieder in Dich zurück, so daß Du diesen Erfolg noch intensiver erleben und genießen kannst.

Und wieder taucht vor Dir eine neue Situation auf – diesmal eine Situation, in der Du ganz viel Dankbarkeit gespürt hast, wo Du einfach nur angenommen hast, ohne etwas dafür tun zu müssen und wo Du ganz erfüllt bist von tiefer und aufrichtiger Dankbarkeit. Eine Dankbarkeit wofür auch immer. Du selbst weißt und spürst am besten, was Dich mit der größten wirklichen Dankbarkeit erfüllt. Und so läßt Du auch dieses Gefühl in Dir wachsen – erlebst noch einmal ganz bewußt und mit allen Deinen Sinnen diese Situation, bis Du ganz erfüllt bist von diesem tiefen, reinen Gefühl der Dankbarkeit. Und auch diese Dankbarkeit strömt wieder in die Kugel, macht sie noch schöner, heller und kraftvoller, und auch diesmal strömt das Gefühl der Dankbarkeit auf wunderbare Art und Weise noch verstärkt und intensiviert zu Dir zurück, bis Du ganz erfüllt bist mit dieser wunderbaren Dankbarkeit.

Und während dieses Gefühl noch weiter in Dir nachklingt, erinnerst Du Dich an eine Situation, in der Du Dich ganz geborgen und sicher und ganz beschützt gefühlt hast. Und Du erlebst und siehst und hörst und fühlst noch einmal ganz deutlich, wie es Dir da geht, wenn Du ganz geborgen und geschützt bist. Wenn nichts diese Geborgenheit erschüttern kann und Du Dich ganz in Sicherheit befindest. Und Du genießt diese Geborgenheit und läßt sie zu Deiner Kugel strömen, die auch durch dieses Gefühl der Geborgenheit noch schöner wird und noch mehr strahlt. Und während Du erlebst, wieviel Kraft und Energie in dieser Kugel bereits gesammelt ist, spürst Du, wie diese Kugel auch diesmal wieder dieses Gefühl von Geborgenheit und Sicherheit zu Dir zurückschickt, bis Du in dieser wunderbaren Geborgenheit ganz geschützt und behütet, ganz geführt und sicher bist. Und wie ein kleines Kind in den Armen der Eltern kannst Du Dich in dieser Geborgenheit wiegen, Dich ganz in diesen Schutz hineinfallen lassen – ganz in diese Sicherheit und Geborgenheit.

Und während Du weiter diese Geborgenheit spürst, erinnerst Du Dich an eine Situation, in der Du ganz viel Liebe erlebt hast – lieben und geliebt werden. Eine Intensität der Liebe, die durch nichts mehr zu steigern ist. Und nimm auch diese Situation noch einmal ganz bewußt wahr – mit allen Deinen Sinnen – schau und hör Dich um, vielleicht gibt es sogar einen Duft oder Geschmack. Und je intensiver Du diese Situation wieder erlebst, umso mehr wirst Du wieder erfüllt von dieser Liebe – intensiv und bedingungslos – die reine, wahre Liebe. Ganz erfüllt von Liebe. Ganz eingehüllt von dieser

Liebe. Mehr und mehr. Und die Liebe beginnt über Dich hinaus in die Kugel zu strömen, die so licht und hell wird, daß es mit bloßem Auge schon beinahe zu viel Licht ist – und sie ist erfüllt von dieser Liebe, die Du so stark und intensiv in Deinem ganzen Körper spürst. Diese wunderbare Liebe, die Du in dieser Situation erlebt hast. Und je stärker diese Liebe in die Kugel strömt, desto stärker fließt sie auch in Dich zurück – bis auch Du so übervoll und eingehüllt bist wie Deine Kugel, mit dieser intensiven Liebe.

Und so hast Du nun vor Dir diese Kugel, strahlend hell und voll von all den wunderbaren Gefühlen und Empfindungen, zu denen Du fähig bist. Aufgeladen wie eine Batterie mit der Intensität Deiner eigenen Gefühle. Und so erinnerst Du Dich noch einmal an all diese Gefühle, spürst noch einmal, wo in Deinem Körper diese Gefühle entstehen und wie sie sich dann immer mehr ausbreiten, bis Dein ganzer Körper erfüllt ist – von Freude – von Begeisterung – von Erfolg – von Dankbarkeit – von Geborgenheit und Sicherheit – und von Liebe.

Und so spürst Du in Verbindung mit dieser Kugel noch einmal ganz intensiv all diese Gefühle – die Freude – die Begeisterung – den Erfolg – die Dankbarkeit – die Geborgenheit – die Liebe. Und Du spürst dieses Wechselspiel zwischen Dir und der Kugel – wie einmal das Gefühl in der Kugel entstehen kann und auf Dich übergeht und wie diese Gefühle dann wieder in Dir entstehen und zur Kugel fließen. Und während Du dieses wunderbare Wechselspiel weiter genießt, beginnst Du diese Kugel, die so hell und doch immer noch so transparent ist, langsam in Deinen Körper hineinzulegen – genau an die Stelle, von der Du spürst, daß Du dort die Energie der Kugel am intensivsten aufnehmen kannst. Und dann laß Deine Hände für eine Weile auf dieser Körperstelle liegen, so daß Du dieses Fließen und Strömen der Gefühle zwischen der Kugel und Deinen Händen noch weiter spürst, auch wenn die Kugel bereits ihren Platz in Deinem Körper gefunden hat. Und Du spürst, wie Dich die Kugel innerlich mit ihrer Kraft und ihrem Licht erfüllt und wie Du all die Gefühle – die Freude – die Begeisterung – den Erfolg – die Dankbarkeit – die Geborgenheit – und die Liebe – dadurch noch intensiver erlebst und spürst. Und nun wird Dir auch bewußt, daß diese Kugel wie eine Batterie für Dich ist. Wann immer Du diese Gefühle erlebst, wird sie aufgeladen, und wann immer Du die Energie und die Lebensfreude dieser wunderbaren Gefühle brauchst, schenkt sie Dir diese Gefühle im Überfluß. Und Du brauchst nur mit Deinen Händen auf dieser Körperstelle Kontakt aufnehmen zu ihr und schon wirst Du aufs Neue erfüllt mit Freude, Begeisterung, dem Gefühl des Erfolgs, der Dankbarkeit, der Geborgenheit und der Liebe. Und Du weißt, daß diese Kugel immer für Dich da ist und Du sie jederzeit in Dir spüren kannst und mit ihr auch all die Gefühle, die sie in sich trägt. Und wenn es da noch andere Gefühle gibt, die Dir sehr wichtig sind und die Dir viel Kraft und Lebensfreude schenken, dann kannst Du auch diese Gefühle, wann immer Du dazu Lust hast, auf die Kugel übertragen, um sie dann wieder holen zu können, wenn Du sie gerade brauchst – einfach nur durch die Berührung Deiner Hände mit dieser Stelle. Und wann immer Du Lust hast, kannst Du auch wieder hierher kommen zu diesem Baum, um die Kugel aufs Neue in Deine Hände zu legen, um mit ihr wieder all Deine Gefühle zu erleben – ganz geschützt und sicher unter Deinem ganz persönlichen Baum.

Und wenn es dann gut ist für Dich, verabschiede Dich von Deinem Baum, geh den Weg zurück und komm wieder ganz hierher zurück in diese Welt. Zurück zu Deinem Körper, zu Deinem Atem, zurück in diesen Raum und spür noch einmal ganz deutlich dieses wunderbare Gefühl, das diese Kugel in Deinem Körper verströmt. Und dann leg noch einmal ganz bewußt Deine Hände auf diese Stelle, an der Du mit der Kugel in Kontakt trittst und spür dieses geheimnisvolle und wunderbare Gefühl des Strömens zwischen der Kugel und Deinen Händen. Und erst dann atme noch einmal ganz tief durch, streck Dich und dehn Dich und öffne dann wieder Deine Augen – ganz bewußt – für diese Welt mit all den Geschenken, die sie für Dich bereit hält.

Mit allen Sinnen genießen

Eine VAKOG-Übung*

Diese Übung kannst Du als Trance-Reise machen, Du kannst aber auch hinausgehen in die Natur und sie dort erleben.

Wenn Du sie in Trance machst, mach es Dir bequem und geh durch die Tür in die andere Welt – hinaus in eine wunderschöne Sommerlandschaft.

Wenn Du wirklich hinausgehst, such Dir einen ungestörten Platz, vielleicht einen Platz, an dem Du Dich auch sonst gerne aufhältst, um neue Kraft zu tanken.

Als erstes beginnst Du damit, alles einfach so wahrzunehmen wie Du es immer tust, und mach Dir dabei bewußt, wieviel Du entdecken kannst, und spür, wie es Dir immer mehr Kraft und Spaß und Lebensfreude schenkt.

Dann beginnst Du damit, nur noch zu schauen – ganz bewußt. Welche Farben, hell und dunkel, scharfe und unscharfe Konturen, Bewegtes und Unbewegtes. Du schaust ganz weit weg und ganz nah her und spürst, wie Du Deinen Augenmuskel damit trainierst.

Dann schließ die Augen und höre nur noch – Lautes und Leises, Töne, Geräusche, Klänge, dumpfe und schrille Töne, hohe und tiefe – bis eine Sinfonie der Naturstimmen daraus wird – und höre alles gleichzeitig und dann wieder alles einzeln, und spür, wie auch Dein Ohr dadurch trainiert wird.

Als nächstes probierst Du das Spüren aus (in der freien Natur am besten mit geschlossenen Augen) – vielleicht zuerst mit den nackten Füßen den Boden erspüren, dann gehst Du mit den Händen auf Entdeckungsreise – zuerst über Deinen Körper und spür hin, wie sich das anfühlt und dann weiter zu allem, was da um Dich herum ist – Hartes und Weiches, Rauhes und Glattes, Warmes und Kaltes, Feuchtes und Trockenes – und beobachte, wie leicht oder schwer

* VAKOG bedeutet: Visuell (sehen), Auditiv (hören), Kinästhetisch (fühlen), Olfaktorisch (riechen), Gustatorisch (schmecken)

es Dir fällt, etwas nur durch Spüren zu erkennen. Und dann nimm Dir noch Zeit, Deine eigenen Gefühle zu erspüren und diese intensiver werden zu lassen.

Als nächstes entdeckst Du Deinen Geschmackssinn, und wenn Du Lust und Mut hast, probier den Geschmack der Dinge um Dich herum – Erde vielleicht, oder Holz oder ein Grashalm – egal was auch immer Du Dich zu probieren traust.

Und dann geh weiter zu Deinem Geruchssinn – atme tief ein und nimm die verschiedenen Gerüche wahr – geh ruhig näher an die Dinge heran, um sie zu riechen – Holz, Erde, Blumen – Deiner Neugierde sind keine Grenzen gesetzt.

Und nun laß zum Geruch auch das Sehen kommen – und das Hören – und das Fühlen – und den Geschmack. Alles zusammen und alles gleichzeitig – und entdecke die Intensität Deiner Wahrnehmung und um wieviel deutlicher und stärker sie im Vergleich zum Anfang geworden ist.

Und vielleicht entdeckst Du, je öfter Du diese Übung machst, daß auch so etwas wie Dein sechster Sinn in Dir erwacht und er genau wie Deine anderen Sinne immer klarer und deutlicher wird.

Und wenn Du die Reise in der Phantasie gemacht hast, dann komm durch die Tür wieder zurück in diesen Raum.

Wenn Du in der freien Natur bist, dann genieße bei einem kleinen Spaziergang noch Deine neugewonnenen Fähigkeiten.

Mit allen Sinnen genießen

Eine VAKOG-Übung

Diese Reise kannst Du immer dann machen, wenn Du ganz bewußt und ganz intensiv Deine fünf Sinne erleben und trainieren willst, so daß Du alles um Dich herum noch lebendiger und schöner entdecken kannst. Und je mehr Du Deine fünf Sinne bewußt verwendest, desto klarer und deutlicher wirst Du vieles wahrnehmen und mehr und mehr auch Deinem sechsten Sinn vertrauen lernen. Du kannst diese Reise jetzt in Trance machen, Du kannst aber auch wirklich hinausgehen in die Natur und all das ganz real für Dich erleben und entdecken.

Und dann mach es Dir erst einmal ganz bequem und spür, wie Dein Körper genau weiß, wie das für ihn am besten ist. Vielleicht ist es eine besondere Körperhaltung, die Dir zeigt, daß es jetzt eine Zeit für Dich ist, in der Du Dich ganz entspannen kannst, vielleicht aber auch, wenn Du die Augen schließt und ganz nach innen horchst. Vielleicht ist es eine ganz bestimmte Musik, die Dich in diesen wunderbar entspannten Zustand bringt, vielleicht aber auch eine Affirmation, die Du Dir sagst, etwa: „Ich bin ganz ruhig und gelassen", oder: „Das einzige, was jetzt wirklich zählt, bin ich – hier in diesem Augenblick." Wie immer das auch für Dich ist, wenn Du in einen entspannten Zustand gehst, Du spürst, wie Du mehr und mehr loslassen kannst. Und mit jedem Atemzug noch ein bißchen mehr. Bei jedem Einatmen tiefe Stille und Ruhe – bei jedem Ausatmen mehr und tiefer verwurzelt in der Erde. Jedes Einatmen schenkt Dir mehr Energie und Kraft, macht Dich licht und hell und liebevoll. Jedes Ausatmen verströmt Deine Ruhe – und mit jedem Ausatmen fließt noch ein bißchen mehr Anspannung aus Deinem Körper, bis er überall ganz licht und hell und entspannt ist. Und mit jedem Ein- und Ausatmen vertieft sich dieses Gefühl noch mehr. Tiefer und tiefer entspannen – mehr und mehr loslassen – und fließen und strömen. Und mehr und mehr kommst Du ganz zu Dir selbst – wie in einen Mantel eingehüllt, der Dich wärmt und schützt und alles abhält, was da noch von draußen auf Dich einwirken will. Bis Du ganz bei Dir bist.

Und wenn da noch Gedanken des Tages sind, die an Dir hängen und Dich nicht loslassen wollen, dann nimm eine wunderschöne Schatztruhe, öffne sie und lege diese Gedanken dort hinein. Und Du versprichst ihnen, daß Du sie nicht vergessen wirst, sondern sie dort drinnen gut geschützt aufbewahren wirst, bis Du wieder Zeit hast, Dich ihnen ganz zu widmen. Und daß sie jetzt für eine Weile ganz zur Ruhe kommen dürfen, so daß Du ganz ruhig wirst und die Stimmen in Dir und die Gedanken ganz schweigen – Stille, Ruhe, innerer Frieden und Harmonie – mit jedem Atemzug ein bißchen mehr. Und noch ein bißchen mehr Loslassen und Ankommen – ganz bei Dir, im Hier und Jetzt.

Und während diese innere Ruhe und Harmonie immer noch deutlicher zu spüren ist, siehst Du vor Dir die Tür in diese andere Welt, die Dir vielleicht noch ganz neu ist, vielleicht aber auch schon ganz vertraut. Und vielleicht freust Du Dich schon darauf und bist neugierig, was es diesmal für Dich Neues zu entdecken gibt, vielleicht bist Du auch noch ganz vorsichtig, was Dich dort wohl erwartet. Und dann, wenn Du bereit bist, öffnest Du diese Tür und sie führt Dich hinaus in die Natur – vielleicht an einen Platz, den Du sehr gut kennst und den Du sehr gerne magst – vielleicht aber auch in eine Landschaft, die ganz Deinen Träumen von einer wunderschönen Natur entspricht. Und dann beweg Dich erst einmal durch diese Landschaft – ganz so, wie Du es gewohnt bist, wenn Du in der Natur unterwegs bist. Und nimm einmal bewußt wahr, wie Du das machst. Schaust Du auf den Boden zu Deinen Füßen oder in die Luft – stehst Du still und horchst, oder atmest Du vielleicht zuerst einmal ganz tief die wunderbare Luft ein? Vielleicht spürst Du auch als erstes, wie warm es ist und ob da ein Windhauch über Dein Gesicht streicht. Und mach es ganz auf Deine eigene und individuelle Art. Ganz so, wie Du es immer machst, wenn Du in der Natur neue Kraft und Lebensfreude tankst und all Deine Werte ganz intensiv lebst. Und tank Dich voll damit – mehr und mehr, intensiver und lebendiger. Und welche Dinge sind es, die Dir dabei am meisten helfen – die Sonne, die Blumen, das Zwitschern der Vögel, der wunderbare Duft, die herrliche Aussicht? Find es für Dich selber heraus und laß Dich davon noch mehr beschenken, bis Du ganz in innerer Harmonie und Freude bist, erfüllt von Liebe und Lust, von Lebensfreude und Lachen und von all den Dingen, die Dich in den wunderbaren Zustand aus Deiner Kraftquelle führen.

Und während Du all das noch ganz intensiv genießt, findest Du einen Platz, an dem Du Dich ganz bequem hinsetzen kannst, wo Du ganz ankommen kannst, hier in dieser Landschaft, hier bei Dir selbst. Und dann setz Dich dort hin und werde einen Augenblick ganz still in Dir. Und jetzt fang einmal damit an, ganz bewußt nur zu schauen, was es da alles für Dich zu sehen gibt. Was siehst Du direkt um Dich herum, was siehst Du, wenn Du langsam und bewußt weiter und weiter weg schaust? Welche Farben gibt es da und wie intensiv nimmst Du diese Farben wahr? Oder sind es die Bewegungen, die Dir als erstes ins Auge springen? Wie deutlich und klar sind die Konturen der Dinge, die Du da siehst? Welche Dinge siehst Du deutlicher – die weit entfernten oder die ganz nahen? Was ist Dir vertrauter – weit in die Ferne zu schauen oder die vielen, vielen Kleinigkeiten in Deiner Nähe zu betrachten? Welche Farben fallen Dir zuerst auf – und welche Unterschiede gibt es da in der Intensität der Farben? Die ganz satten Farben und die eher zarten. Und dann laß immer mehr all das, was Du da siehst, durch Deine Augen ganz bewußt in Dein Inneres strahlen und nimm dabei wahr, wie Deine Augen immer durchlässiger und transparenter werden. Wie sie immer mehr kleine Nuancen zu unterscheiden lernen, deutlicher erkennen und intensiver all das um Dich herum sehen. So wie ein Sportler seine Muskeln trainiert, so intensiviert sich jetzt auch die Fähigkeit Deiner Augen, zu sehen. Nicht einfach nur herumzuschauen, sondern ganz bewußt und ganz deutlich und mit nie gekannter Intensität zu sehen. Jede einzelne Zelle Deiner Sehnerven wird klarer und aktiver. Und Du spürst die Freude und die Lust, so intensiv zu sehen. Ganz Großes und winzig Kleines. Buntes und Farbloses. Bewegtes und Ruhiges. Nahes und Weites. Alles da. Ganz deutlich und ganz klar. Und in dieser Welt kannst Du das alles mit Deinen eigenen Augen – ganz ohne Brille – klar und deutlich und scharf sehen. Und je mehr Du erkennst, wie gut Du das ganz alleine und ohne Hilfsmittel kannst, desto klarer wird Dein Blick auch in der anderen Welt sein. Und je mehr Erfahrung Deine Augen jetzt mit der Intensität des reinen Sehens sammeln, desto intensiver und spielerischer wird es Dir dann auch in der anderen Welt möglich sein, bewußt und klar und deutlich zu sehen und wahrzunehmen. Und je mehr Du schaust, desto aktiver werden Deine Augen, desto klarer wird Dein Blick und desto intensiver kannst Du ganz viel Dinge ganz leicht erkennen. Und Du kannst zu spielen beginnen mit Deinem Blick – mal ganz nah, dann ganz fern, mal auf Buntes, dann auf Bewegtes oder Ruhiges – immer schneller im Wechsel – immer intensiver in Deiner Wahrnehmung. Und Deine Augen werden lebendiger und lebendiger und immer wacher und aktiver. Und vielleicht macht Dir dieses Schauen sehr viel Spaß, weil es Dir sehr vertraut ist, vielleicht bist Du es aber auch weniger gewöhnt und genießt jetzt ganz intensiv diese neuen Eindrücke.

Und während Deine Augen jetzt für eine Weile ganz erfrischt und lebendig und wach diese neue Art des Sehens weiter genießen dürfen, schließt Du sie jetzt, damit sie im Inneren weiter lebendig bleiben und beginnst damit, einmal ganz bewußt zu hören, welche Geräusche da sind. Sind es laute Geräusche oder gibt es da auch viele, viele ganz leise, kaum hörbare Geräusche? Sind da auch Klänge oder eine Melodie? Sind es eher dumpfe oder schrille Geräusche? Eher hohe oder tiefe Töne? Und je intensiver Du zu hören beginnst, desto mehr Geräusche und Töne sammeln sich und spielen zusammen, wie eine Sinfonie der Naturstimmen. So als hätten sich all diese Töne schon immer zu einer wunderbaren Melodie vereinigt, die in Deinen Ohren singt und klingt und schallt. Und Du kannst hören, welche Töne, Stimmen und Geräusche Dir sehr vertraut sind, und vielleicht entdeckst Du dazwischen auch ganz neue Untertöne. Vielleicht ganz leise Töne oder Töne, so hoch oder so tief, wie Du sie noch nie zuvor gehört hast. Und wenn Du in Deiner anderen Welt nicht so gut hörst, vielleicht sogar ein Hörgerät brauchst, dann genießt Du es hier um so mehr, diese ungeahnte Vielfalt der Geräusche zu hören. Und Du spürst, wie diese Töne und Geräusche Deine Ohren aktiv und durchlässig werden lassen, wie Dein Trommelfell immer sensibler und hellhöriger auf alles reagiert. Selbst die leisesten Töne kannst Du klar und deutlich empfangen, wie ein Hochleistungsmikrofon, das auch winzigste Schallwellen aufnimmt. Und mit jedem Augenblick kommen neue Töne und Geräusche hinzu und stimmen ein – in die Sinfonie der Natur. Und wie in einem Konzert kannst Du nun beginnen, aus dieser Sinfonie einzelne Instrumente, einzelne Töne und Geräusche bewußt herauszuhören – die laute Leitmelodie genauso wie die leisen zarten Begleittöne. Und dann wieder wechseln und dem Zusammenspiel aller ganz intensiv lauschen. Und je öfter und schneller Du wechselt und mit der Fähigkeit Deiner Ohren spielst, desto intensiver kannst Du all das hören, was Dich umgibt, und desto mehr Spaß entwickelst Du an dieser neuen Art des Hörens. Und vielleicht fällt Dir dieser Wechsel ganz leicht, weil Du gern und oft Deine Ohren benutzt, um die Welt um Dich herum zu erfahren. Vielleicht ist es Dir auch noch ganz neu, zu welchen wunderbaren Hörmöglichkeiten Deine Ohren fähig sind. Und vielleicht willst Du ihnen dann auch versprechen, ihnen in Zukunft öfter und spielerischer Gehör zu schenken.

Und während all die Geräusche und Töne in Dir noch nachklingen und langsam verhallen, beginnst Du ganz deutlich zu entdecken, was Du spürst, hier an diesem Platz. Und vielleicht gibt es da Unterschiede in diesem Gefühl. Stellen, an denen Du ganz intensiv spürst und Stellen Deines Körpers, die Du kaum spürst und kennst. Und dann beginn einmal mit Deinen Füßen – am besten barfuß – wie fühlt sich der Boden unter Deinen Füßen an? Ist er warm oder kalt – rauh oder glatt – feucht oder trocken? Und hast Du von dem, was Du da spürst, nur eine ungefähre Ahnung oder sind Deine Fußsohlen besonders empfindsam, weil sie so selten einen so intensiven Boden- und Naturkontakt haben? Vielleicht spürst Du sogar die unterschiedlichen Sinneseindrücke von jedem einzelnen Zeh. Und während Deine Füße noch weiter spüren und auf Entdeckungsreise gehen, laß nun auch Deine Hände wandern über Deinen Körper. Und spür, wie sich das für Dich anfühlt. Spürst Du mehr das, was Deine Hände abtasten oder spürst Du Deine Hände auf den Körperstellen, über die sie streicheln? Und welche Körperteile sind mit dieser Berührung vertrauter, welchen ist das eher fremd oder sogar unangenehm? Wieviel Nähe und Berührung hat Platz in Deiner anderen Welt draußen – berührst Du gerne oder hast Du lieber Abstand? Und wie vertraut ist es Dir, Erfahrungen über das Spüren zu machen? Und dann laß Deine Hände auch weiter wandern, um den Platz, an dem Du sitzt – und wenn Du es nicht sowieso schon gemacht hast, dann schließ noch mal Deine Augen und spür hin, was es da für Deine Hände alles zu entdecken gibt. Wie fühlen sich die Dinge an – glatt oder rauh, weich oder hart, warm oder kalt, lebendig oder leblos? Und wie leicht fällt es Dir, die Dinge nur mit Deinem Tastsinn zu erforschen und zu erkennen? Und je mehr und je intensiver Du zu fühlen beginnst, desto lebendiger und intensiver werden alle diese Gefühle in Dir. Mehr und mehr spürst Du dieses Pulsieren und Vibrieren, dieses Strömen und Fließen in Dir – ganz lebendig, freudig, kraftvoll. Bis Dein Körper ganz erfüllt ist von der Intensität dieser Empfindungen, und Du beginnst auch die Energien zu spüren, die da hin- und herfließen, zwischen Dir und all dem, was Du berührst. Und Du spürst und fühlst, wie all diese Gefühle in Dir lebendig werden und Dich erfüllen. Bis Du selber schwingst und pulsierst und vibrierst – Dein ganzer Körper mehr und mehr. Und vielleicht genießt Du es, so intensiv zu spüren und hast Spaß daran, weil Du es oft und gerne tust. Vielleicht bist Du aber auch überrascht und überwältigt von der Intensität der Gefühle, zu denen Du fähig bist, wenn Du sie fließen und strömen läßt. Und Du kannst wählen und wechseln zwischen Intensität der Gefühle und ruhevoller Stille in Dir. Und nach jeder Stille fällt es Dir leichter, wieder intensiv zu spüren, und Du genießt diesen spielerischen Wechsel und dieses Entdecken – genau wie Kinder das tun, die immer erst alles mit ihren Händen erfühlen wollen, um es ganz zu verstehen.

Und so wie Kinder immer alles mit den Händen erfahren wollen, so wollen sie auch alle Dinge erschmecken. Und sie benutzen ihre Zunge zum Tasten und zum Schmecken gleichzeitig. Und während Du Deine Hände wieder zur Ruhe kommen läßt und Deine Gefühle still werden, beobachte mal, ob es da auf Deiner Zunge jetzt irgendeinen Geschmack gibt – süß oder sauer, bitter oder mild, intensiv oder eher schwach. Und wenn Du Lust und Mut hast, vielleicht magst Du dann auch anfangen, die Dinge, die um Dich herum sind und die Du dafür geeignet hältst, einmal ganz bewußt in den Mund zu nehmen. Weißt Du noch, wie es als Kind geschmeckt hat, wenn Du Erde probiert hast, oder Sauerampfer, Löwenzahnblätter oder ein Gänseblümchen? Wie Holz oder ein langer Grashalm auf der Zunge schmecken? Und je mehr Du Dich an diese verschiedenen Arten des Geschmacks erinnerst oder noch besser, sie sogar auffrischst, desto sensibler und geschmacksempfindlicher wird Deine Zunge – so fein und empfindsam wie die Zunge eines Weintesters, der selbst kleinste Geschmacksunterschiede sofort erkennt. Und wenn Du Lust hast, kannst Du beginnen, ganz bewußt verschiedene Dinge zu schmecken – immer intensiver und spielerischer, so daß Du mit völlig neuer Lust und Neugierde alles erschmeckst, was Du zu Dir nimmst – kannst Du Dich noch erinnern an den Geschmack der ersten Erdbeere im Sommer? Und mit der gleichen Intensität kannst Du jetzt wieder diesen Geschmack auf Deiner Zunge erleben und auf ganz neue Art genießen.

Und während der Geschmack auf Deiner Zunge langsam nachläßt, atmest Du tief durch und beginnst zu riechen, welche Gerüche und Düfte es hier gibt. Intensive und würzige Düfte vielleicht, oder liebliche, süße Düfte. Den Geruch von frisch gemähten Wiesen oder von süßen Blüten. Ganz starke Gerüche und auch ganz zarte, die beinahe überdeckt werden von den intensiveren. Und dann riech mal ganz genau hin – wie viele verschiedene Gerüche kannst Du entdecken. Und wenn Du Lust hast, dann geh näher hin an die Dinge, die Dich umgeben. Wie riecht die Erde? Das Holz eines Baumes? Wie riechen die Blüten, die es gibt? Du mußt sie nicht pflücken, um das zu riechen. Geh mal ganz nah an den Boden mit Deiner Nase – gibt es da vielleicht sogar noch mehr Düfte und Gerüche, hier bei diesen Blüten? Und Du spürst, wie Deine Nase ganz aktiv wird, wie sie mit allen Geruchsnerven selbst die kleinsten Unterschiede entdecken kann – und wie reagierst Du auf unangenehme Gerüche? Und wenn Du Lust hast, dann atme zwischendurch ein paar Mal durch den Mund, bevor Du dann wieder ganz aufmerksam durch die Nase atmest. Um wieviel intensiver und interessanter, um wieviel facettenreicher ist es, durch die Nase zu atmen und dadurch nicht nur einfach Luft zu bekommen, sondern auch ganz viele Informationen über den Platz, an dem Du gerade bist. Und vielleicht bist Du jemand, der andere Menschen gut oder schlecht riechen kann, der gern mit Duftlampen lebt und mit den verschiedenen Düften ganz verschiedene Empfindungen verknüpft. Vielleicht bist Du aber auch mit Deinem Geruchssinn nicht ganz so vertraut – vielleicht weil Du rauchst und die verschiedenen Nuancen deshalb nicht so leicht wahrnehmen kannst. Dann genieß es jetzt ganz besonders, wie intensiv Du hier in dieser Wirklichkeit die Natur und alles was Dich umgibt, durch Deine Nase entdecken und riechen kannst. Und wenn Du magst, kannst Du noch ein paar Mal mit diesem Wechsel zwischen Mund- und Nasenatmung spielen – mit dem Wechsel zwischen Nicht-Riechen und Riechen. Und mit jedem Wechsel zum Riechen wird Deine Nase noch empfindsamer und sensibler und entdeckt noch mehr verschiedene Düfte, bis Du von Düften und Gerüchen, die Dir gut tun, ganz umhüllt und eingenebelt bist – nur noch riechen und genießen.

Und während Du all diese Düfte weiter ganz intensiv wahrnimmst, laß auch das Sehen dazukommen, ganz klar und bunt und deutlich. Und das Hören – diese Sinfonie der Naturgeräusche, die Dich umgibt. Und das Fühlen – mit Deinen Händen, Deinen Füßen und der Haut Deines ganzen Körpers. Und dann noch das Schmecken auf Deiner Zunge, ganz deutlich und lustvoll. Und all das spielt auf wunderbare Weise zusammen und erfüllt Dich mit einer Flut von herrlichen Sinneseindrücken, in denen Du Dich badest und schaukelst – von denen Du ganz erfüllt bist, mit nie zuvor gekannter Intensität. Und Du entdeckst, wie wunderbar es hier an diesem Platz ist, wenn Du ihn so klar und deutlich erleben kannst – fast als hätte man Dir endlich ein dunkles Tuch von Deinem Kopf heruntergezogen, damit Du alles endlich noch deutlicher und stärker und bewußter erleben kannst.

Und Du spürst, daß wann immer Du dazu Lust hast, Du jeden Deiner Sinne auf diese neue und wunderbare Art benutzen kannst – in dieser Welt, aber auch in Deiner anderen Wirklichkeit. Daß jeder dieser Sinne auf ganz neue Art belebt und trainiert wurde und Dir in Zukunft immer und überall so klar und deutlich zur Verfügung stehen kann. Und je öfter Du diese Übung machst, desto spielerischer und intensiver wird es Dir möglich, Deine Sinne auf diese neue Art zu gebrauchen.

Und je intensiver Deine Sinneswahrnehmung wird, desto mehr kann sich vielleicht auch eine ganz neue Art der Wahrnehmung dazugesellen, die Du vielleicht als Deinen sechsten Sinn bezeichnen würdest – eine Wahrnehmung, die über das normale Sehen und Hören, das normale Fühlen, Riechen und Schmecken hinausgeht. Anfangs vielleicht genauso ungeübt und wie hinter einem dunklen Tuch verborgen, und doch mit jedem Mal deutlicher und deutlicher – wie immer das für Dich sein kann.

Und während Du noch spürst, wie belebend und erfrischend dieses neue Empfinden für Dich ist, mit dieser neuen Fähigkeit aller Deiner Sinne, verabschiedest Du Dich von diesem Platz und machst Dich auf den Weg zurück zur Tür. Und vielleicht wird Dir dabei bewußt, um wieviel farbiger, lebendiger und klarer Du jetzt alles um Dich herum wahrnimmst im Vergleich zum Beginn Deiner Reise, als Du zum ersten Mal hier vorbeigekommen bist – und Du spürst, wie diese neue Wachheit der Sinne auch jetzt bei Dir bleibt, wo Du durch die Tür hindurchgehst und wieder hierher zurückkommst, in diese Wirklichkeit – zu dem Platz, wo Du es Dir bequem gemacht hast. Und während Du ganz bewußt wieder Deinen Körper spürst und Dich streckst und dehnst, erlebst Du, daß Du all die Wachheit und Intensität Deiner Sinneswahrnehmungen mit hierher gebracht hast und sie auch in dieser Welt für Dich nutzen kannst, wann immer Du einen oder mehrere Deiner Sinne ganz bewußt und auf diese neue Art und Weise benutzen willst, um noch deutlicher und spielerischer, noch freudiger und liebevoller all das zu erfahren und zu erleben, was Dich hier in dieser Welt umgibt.

Lebensfreude

Sich auf der Erde freuen

Nimm Dich als Kristall wahr, der in der Sonne glitzert.

Innen drinnen ist ein Regenbogen, der zum Lebensauftrag führt.

Die Kraftquelle lebendig werden lassen und die eigene Power und Einzigartigkeit spüren.

Und wenn Du bereit dazu bist, geh' über die Schwelle, in die andere Welt. Dort begegnen Dir Menschen in einem wunderbaren Miteinander, die so leben, wie sie sind, die sich – und Dich – so annehmen, wie jeder ist.

In dieser Welt bildet Deine Seele ein Brücke zu Dir, kommt zu Dir und läßt alles in Dir fließen, was Dein ist mit ihrer Liebe und Weisheit.

Und mit allen Sinnen nimmst Du wahr, was Dein ist – und die Lebensfreude.

Und je mehr Du diese Lebensfreude annimmst, desto mehr können sich auch Deine Beliefs ändern und positiv und fördernd werden.

Dann nimm diese Beliefs mit und komm zurück in diesen Raum.

Lebensfreude

Sich auf der Erde freuen

Mach es Dir ganz bequem und nimm einfach mal Deinen Atem wahr. Und mit jedem Atemzug entspannt sich Dein Körper mehr und mehr.

In dieser Trance finden wir einen Weg zum Hin- und Hergehen zwischen den Welten. Du findest Möglichkeiten, um Dich als wunderbares und wunderschönes Wesen anzunehmen.

Nimm Dich so an wie Du jetzt bist – wunderbar und klar und schillernd. Wie ein Kristall in der Sonne glitzert und in ihm drin ein wunderbarer Regenbogen, in all den wunderschönen Farben. Spür jetzt mal diesen Regenbogen in Dir. Und durch diesen Regenbogen kannst Du erkennen, was Dein Auftrag ist in diesem Leben.

Und der Regenbogen in Dir bildet eine Brücke vom Körper, von Geist und Seele aus zu Deiner Kraftquelle hin und er läßt alles in Dir lebendig werden. Und Du freust Dich, daß Du so bist, wie Du bist. Und er läßt Dich Deine persönliche Power annehmen, Deine Schönheit, Deine Einzigartigkeit. Und Du kannst durch ihn herausfinden, wer Du wirklich bist und wer Du wirklich sein kannst, wenn Du ganz diese Strahlung annimmst – dieses Licht. So natürlich wie eine Blume das tut, die nur einen einzigen Gedanken hat – dem Licht zuzustreben. Wie sie den Wunsch hat, ihre Blüte zur vollkommenen Blüte zu bringen – so wie Du jetzt.

Frage nun in Dich hinein: Ob Du bereit bist, ein Leben in Freude zu leben, ein Leben ohne Kampf, ohne fremdbestimmtes Müssen und Sollen, ein Leben der Freude, wo Du frei wählst. Und spür den Unterschied, wenn Du es nur sagst oder wenn Du tief in Dir drin spürst: „Ich bin bereit."

Wenn Du bereit bist, laß Dich mitnehmen über die Schwelle – vielleicht ist da ein wunderbarer Regenbogen, eine Tür oder ein Tor, durch das Du schreitest oder Dich treiben läßt in die andere Welt, in der Licht ist, und Musik und Klänge und Gerüche, in der Freude und Frieden möglich ist – eine Schwelle, die Dich mitnimmt in dieses wunderbare Miteinander, wo Leute sind, die alle genau so sind, wie sie tief drinnen wirklich sind – ohne alle Einschränkungen, ohne alle ihre Belastungen. Und wie dieses Licht alles reinigt, je mehr Du Dich mitnehmen läßt, so daß es Dir leichter und leichter fällt, alle negativen Beliefs, alle einschränkenden Gedanken hinter Dir zu lassen und Du Dich mehr und mehr mitnehmen läßt in diese Welt voller Licht. Wo Du mehr und mehr Dein Geburtsrecht wahrnimmst, es annimmst und genießen kannst und mehr und mehr so bist, wie Du wirklich bist.

Während Du herumschaust, bemerkst Du all die glücklichen Leute, die nur ihr Inneres leben, die aus irgendeinem Grund hier sind und auch tun, was sie glücklich macht. Und Du kannst nun Deinen Platz hier einnehmen – ganz natürlich und ganz selbstverständlich – Deinen Platz mit Deinem Auftrag, Deiner Weisheit und Deiner Liebe. Während Du hier bist, in diesem Licht, in diesen Farben und diesem Ozean von Tönen, laß alle Gedanken ziehen, die nicht friedvoll sind und die noch einen Einwand haben gegen diese Welt, gegen das Entdecken von neuen Dimensionen. Und während Deine Gefühle ganz ruhig werden und Deine Gedanken ziehen, begegnest Du Deiner Seele, und die Seele wartet noch und bildet eine Brücke zu Dir, so daß dieses besondere Licht von Deiner Seele – dieses ganz besondere und einzigartige Licht von Deiner Seele, ob das jetzt Farben sind oder Klänge – zu Dir kommt und Dich berührt in Deinem Gehirn, in Deiner Schaltstelle Deines Körpers, die alles fließen läßt, was Dein ist. Und wie sich so all die Freude und Leichtigkeit in Deinem Körper ausdehnt und diese Information von Deinem Gehirn in alle Zellen geht, in Deine Gefühle, in Deine Gedanken und Du jetzt spürst, wie diese Weisheit Deiner Seele Dein einzigartiges Licht anzündet und langsam mehr werden läßt und Du mehr und mehr Deinen Platz annimmst – und wie diese Ruhe und dieser Überfluß jetzt strömt oder fließt oder pulsiert oder prickelt und wie dadurch Deine Freude lebendig wird in Dir. Und horch jetzt einmal hinein in diese Freude, in dieses innere Wesen, das Deines ist und spür, wieviel davon Du spüren willst, jetzt, so daß es gerade richtig ist und Du noch mehr vertraust und jetzt eine ganz bestimmte Musik, Deinen Rhythmus, Deinen speziellen Ton oder Gesang kommen läßt, der Freude heißt und mit dessen Hilfe Du mit all dem in Verbindung kommen kannst – und spür, wie dies alles auch wie ein natürlicher Schutz um Dich herum ist und Du so Deinen Samen wachsen lassen kannst. Und spür den feinen Unterschied, was Freude heißt, wenn die Zellen vibrieren und Du das alles genießen kannst.

Laß jetzt mal Bilder kommen, wie Dein Leben ausschaut, wenn Du die Freude mehr und mehr annimmst und lebst. Und schau auch, welche positiven und fördernden Beliefs jetzt da sind. Spür auch, wie in Dir diese neuen Beliefs immer realer und wahrer werden.

Und dann komm mit diesen neuen Beliefs langsam zurück in diesen Raum – spür Deine Kleider auf der Haut und dehn Dich und streck Dich, bis Du wieder ganz hier bist.

Selbstwert

Sich selbst respektieren und achten

Über die Schwelle gehen, in diese andere Dimension von Freude und Liebe.

Spür die Verbindung zu Deiner Seele und zu Deiner Kraftquelle.

Erinnere Dich an eine Situation in der letzten Zeit, wo Du nicht so respektvoll warst und nicht so viel Achtung für Dich und die anderen hattest.

Laß den Teil kommen, der für Selbstwert und Selbstachtung verantwortlich ist und laß ihn diese Situation transformieren.

Und schau Dir dann eine ähnliche Situation in der Zukunft an – und auch da bringt der Teil die Qualität ein, die für Dich zu Achtung und Selbstwert gehört.

Und in Verbindung mit Deiner Kraftquelle siehst Du, wo Du in Deiner Vergangenheit schon respektvoll und achtsam warst.

Nimm eine Erinnerung, wo Du in der Natur bist und laß Dir dort zeigen, was Dein ist, was es Dir ermöglicht, Deinen Lebensauftrag zu erfüllen und respektvoll und achtsam zu sein.

Ein Teil ist da, der aufpaßt, daß Du Deine Bedürfnisse respektierst und ein Teil, der Dir hilft, die der anderen zu respektieren und zu achten, so daß es harmonisch und ausgeglichen ist zwischen den verschiedenen Bedürfnissen.

Und diese Teile helfen Dir in Zukunft, Dein Leben noch respektvoller und achtsamer zu leben, so daß Du mit Dir und den anderen in Resonanz bist.

Und mit Hilfe dieser Teile ändern sich auch Deine Beliefs und Du erkennst wie in einem Spiegel, daß der Respekt und die Achtung der anderen mit dem Respekt und der Achtung für Dich zusammenhängt.

In Verbindung mit Deiner Kraftquelle entsteht noch ein Schutz um Dich herum, der nur Harmonisches und Liebevolles in Dich hineinläßt.

Und dann laß noch einmal Erinnerungen an Situationen kommen, wo die Resonanz nicht da war und verändere sie mit Hilfe der Teile so, daß Respekt und Achtung möglich sind.

Und dann vertrau Deinem Unbewußten, das für Dich weitermacht und diesen Respekt und diese Achtung mehr und mehr für Dich integriert.

Und dann komm zurück in diesen Raum.

Selbstwert

Sich selbst respektieren und achten

Wenn Du Dich selbst respektierst und achtest, kannst Du auch andere achten – erst dann. Und es scheint so, daß wir mit niemandem so vorwurfsvoll und so hart sprechen, wie mit uns selbst. Wir werden gemeinsam herausfinden und ankern, wie Du Dich in Zukunft besser respektieren und achten kannst. Daß Du entdeckst, wie Du Deinen Lebensauftrag ganz liebevoll mit Freude und Spaß jeden Tag lebendig werden läßt. Fast so wie bei Kindern: daß Du am Abend, wenn Du ins Bett gehst, für Dich merkst, daß Du mit dem Spielen noch gar nicht fertig bist, daß es da noch so viel zu spielen gibt und noch so viel zu tun ist. Und wie Du dann mit diesen Gedanken – mit dieser Freude – einschläfst. Wie Kinder das tun, wenn sie einen wunderschönen Tag hinter sich haben. Und was es heißt, sich selbst zu schätzen – Selbstwert zu haben, Selbstbewußtsein.

Und wenn Du jetzt Lust hast, das einmal für Dich selbst herauszufinden, dann mach es Dir ganz bequem. Und ich lade Dich ein, daß Du Dich ganz entspannst und Dich fallenläßt in Deine innere Welt, ganz in Deinem Rhythmus und auf Deine ganz eigene Art. Und vielleicht spürst Du, wie allein schon die Erinnerung tiefen Frieden und Harmonie in Deinem Körper lebendig werden läßt, indem Du Deine Gefühle ruhig werden läßt – wie ein Gebirgssee, auf dem keine Wellen sind. Und Deine Gedanken dürfen ganz still werden und Du kannst Dich weit öffnen und in Verbindung mit der Quelle treten. Und mehr und mehr spürst Du die Einheit, die Du bist – in Deiner Seele. Und Du spürst, wie Du geborgen bist und geschützt und getragen. Und dann, wenn es für Dich stimmt, dann kannst Du wieder einmal ganz von allein die Schwelle überschreiten und durch die Tür gehen, in diese andere Dimension von Freude und Liebe. Hinein in diese Welt, wo Du Dir selbst begegnest und alle Deine Helfer treffen kannst. Wo Beliefs und Regeln, die in der Wirklichkeit da sind, nicht existieren.

Und dann richte Deine Aufmerksamkeit einmal auf alles, was Respekt und Achtung ist, hier in dieser Welt von Freude und

Leichtigkeit und Liebe. Und spür mal hin, was das für Dich heißt: Selbstachtung und Selbstwert. Und indem Du die Aufmerksamkeit dahin richtest, spürst Du, wie das mehr und mehr lebendig wird für Dich – Selbstachtung und Selbstwert – auch im täglichen Leben. Indem Du Dich treiben läßt, über diese Schwelle, in diesen See von Weisheit und Möglichkeiten, merkst Du, wie sich Dein Körper entspannt – mit jedem Atemzug ein bißchen mehr. Und wie Dein Gesicht und Deine Augen, Dein Kinn, die Lippen, die Muskeln rundherum ganz von allein loslassen und sich entspannen. Und allein indem Du das denkst und geschehen läßt, werden Deine Gefühle ruhig und friedlich – und die Freude in Dir wächst. Diese Freude, in der die Liebe fließen kann und in der Deine Seele wieder für Dich da ist – und die Verbindung zu Deiner Kraftquelle – jetzt.

Und während das weiter passiert – ganz von allein – schau zurück, den letzten Tag oder die letzten Tage, wo irgendeine Situation war, wo Du nicht ganz so respektvoll sein konntest. Wo Du nicht ganz so viel Achtung hattest – für Dich oder anderen gegenüber. Eine Situation, wo Du Deinen Gefühlen und Deiner Resonanz nicht ganz gefolgt bist. Wo Du nicht ganz Du warst. Hier in dieser Welt und in Verbindung mit Deiner Seele und Deiner Quelle laß das Licht in diese Situation fließen – und vielleicht auch Töne. Laß den Teil kommen, der verantwortlich ist für Selbstwert und Selbstachtung. Und dann laß ihn diese Situation verändern und transformieren, so daß jeder in dieser Situation Respekt und Achtung bekommt – und entdecke, was das für Dich heißt. Und indem Du es einfach geschehen läßt, diesen Teil einfach machen läßt, wirst Du mehr und mehr auch für Dich erfahren, was das für Dich heißt: Selbstachtung und Selbstwert.

Und dann laß Dich mal mitnehmen in die Zukunft, in ähnliche Situationen mit den gleichen Personen – falls welche dabei sind – und laß Dir in dieser Situation zeigen, wie es ist, wenn jeder diesen Respekt und diese Achtung erhält. Wenn jeder liebevoll und achtsam umgeht mit seinen eigenen Bedürfnissen und mit denen der anderen. Und mach Dir dann bewußt, wie Du das wahrnimmst – ob Du das mehr siehst oder spürst – oder vielleicht nur hörst – jetzt. Und je mehr Dir das bewußt wird, desto leichter und sicherer erkennst Du auch in Zukunft, ob Du wieder mit Dir oder mit anderen wenig achtsam bist oder wenig respektvoll. Und jedes Mal kannst Du dann diesen Teil bitten, daß er in diese Situation ganz von allein diese spezielle Qualität hineinfließen läßt, die für Dich zu Selbstachtung und Selbstwert gehört. Diese ganz spezielle Frequenz, die vielleicht ein bißchen ähnlich ist wie die Frequenz für Freude und Liebe. Und wie das alles auch miteinander verbunden ist. Und dann mach diese Situation wunderschön für Dich – mit ihren Farben und Tönen, mit ihrem Rhythmus und allem, was für Dich dazugehört.

Und immer ist die Verbindung da zu Deiner Kraftquelle, zu Freude und Liebe – und diese Schwingung von Achtsamkeit. Und dann laß Dir mal zeigen, in Deiner Vergangenheit, wo Du überall in Deiner Erinnerung ganz respektvoll warst, ganz achtsam. Wo Du Selbstwertgefühl hattest – ganz gleich, ob Du bewußt etwas dafür getan hast oder nicht. Und laß all diese Erinnerungen kommen – jetzt – auch wenn sie vielleicht nur für einen kleinen Augenblick da sind. Und mehr und mehr erlebst Du dadurch, was das für Dich heißt: Selbstwert und Selbstachtung. Und mehr und mehr erlebst Du die Freude dabei – und die Liebe. Und mehr und mehr kannst Du spüren, daß das alles nicht etwas ist, was Du neu schaffen mußt, sondern daß es schon immer in Dir war und immer für Dich da ist, wenn Du es willst. Und vielleicht bist Du in einigen Situationen allein und in einigen anderen mit anderen zusammen, vielleicht bist Du in einigen Erinnerungen in einem Raum und in anderen Erinnerungen in der Natur. Vielleicht sind die Erinnerungen auch nur ganz kurz – das reicht, um ihnen Deine ganze Aufmerksamkeit zu schenken. Und indem die Erinnerungen vorbeiziehen, kannst Du mehr und mehr in Deinem Körper spüren, was das für Dich heißt – Respekt – Selbstwert – Selbstachtung.

Und dann kannst Du Dir jetzt mal eine Situation aus Deiner Erinnerung wählen, wo Du allein in der Natur bist und wo Deine Selbstachtung und dieser Respekt ganz intensiv da sind. Und nimm mal wahr, wie Du in dieser Situation in Verbindung bist mit allem, was um Dich herum ist, wenn Du Dir selbst mit dem gleichen liebevollen Respekt und der gleichen Achtung begegnest, wie allem, was Dich umgibt. Ganz natürlich und selbstverständlich. Wie

Du die Erde spürst, die Luft, den Himmel und alles, was rundherum da ist an Tieren und Pflanzen und Mineralien. Wie genau dieser Respekt auch für Dich hier da ist und diese Achtung. Wie Du all das Freundliche um Dich herum wahrnimmst. Wie alles so sein kann, wie es ist. Und während Du hier bist und indem Du Dich achtest und wertschätzt – egal, ob Du was tust oder nicht – wird alles in Dir mehr und mehr lebendig. Und diese Lebendigkeit geht über Dich hinaus – in Form von Energie, die in Deinem Körper da ist. Du nimmst immer Energie auf und gibst sie weiter – ob Du daran denkst oder nicht spielt keine Rolle, weil ohne diesen Energieaustausch Dein Körper nicht existieren könnte.

Und laß Dir jetzt, während Du da ganz bequem bleibst wo Du bist, Deine Zukunft zeigen und Dein tägliches Leben – jetzt – bei der Arbeit und privat. Wie es Dir immer leichter gelingt, daß Du Deine Zeit und Aufmerksamkeit auf das richtest, was für Dich wichtig ist und wertvoll. Wie Du mehr und mehr dort bist, wo die Achtung und der Respekt, den Du für andere hast, auch zu Dir zurückfließt und wo Verbindungen entstehen, erfüllt von gegenseitigem Respekt und gegenseitiger Achtung. Und überall dort, wo das nicht möglich ist, wo es trotz Deiner Anstrengung nicht angenommen wird und wo sich jemand mehr und mehr verschließt gegen diese Resonanz, kannst Du frei wählen und entscheiden, ob Du die Verbindung behalten willst oder nicht.

Und da ist ein Teil von Dir, der aufpaßt, daß Du Deine Bedürfnisse wahrnimmst und ein Teil, der die Bedürfnisse der anderen wahrnimmt – ob das jetzt Personen sind oder ob es die Natur ist, spielt keine Rolle. Du nimmst wahr, was andere Tiere und Pflanzen und was andere Menschen jetzt brauchen. Und dann laß diese beiden Teile sich jetzt treffen, falls sie sich noch nicht kennen, damit sie sich jetzt kennenlernen und damit sie wissen, daß sie nur gemeinsam wunderbar lebendig sein können. Und daß es nicht nötig ist, daß sie miteinander um ihren Platz und um ihre Zeit streiten – der Teil, der für Deine Bedürfnisse verantwortlich ist und der Teil, der dafür da ist, daß Du die Bedürfnisse anderer wahrnimmst und der es liebt, anderen zu helfen, anderen das zu geben, was sie brauchen. Und laß sie miteinander in Verbindung kommen und sich kennenlernen, so daß sie alles austauschen, was sie brauchen, damit sie in Zukunft gemeinsam in den jeweiligen Situationen für Dich da sind. Mal wird die Aufmerksamkeit ein bißchen mehr auf andere gerichtet sein, mal ein bißchen mehr auf Dich. Mal wird es eine wunderbare Kombination sein von beiden und es wird ganz unwichtig sein, ob es jetzt um Deine Bedürfnisse geht oder um die der anderen. Und mehr und mehr wird es dann ein Hin- und Herschwingen sein, fast so, als ob Ihr Euch gegenseitig auf einer Schaukel anschwingt und Euch gegenseitig und miteinander mehr und mehr in die eigene Schwingung bringt. Und mehr und mehr kannst Du erleben, daß das Eigene durch die anderen noch mehr verstärkt wird, noch klarer zur Geltung kommt und deutlicher wird. Und alles was Du weißt und was Du an Möglichkeiten hast, anderen zu helfen, hast Du auch für Dich jetzt. Und Du spürst für Dich hinein und sagst, daß Du bereit bist, Deine Bedürfnisse und die der anderen noch mehr wahrzunehmen und ganz, ganz tief innen zu achten und zu respektieren – Deine Bedürfnisse und die, die die anderen haben. Und mehr und mehr wird durch diese Achtung und diesen Respekt ein freudiges und liebevolles Miteinander möglich. Und dann bitte diese beiden Teile, Dir zu zeigen, wie das für Dich möglich ist – dieses Miteinander, privat und beruflich – jetzt.

Und mehr und mehr kannst Du jeden Tag – ganz unbewußt und selbstverständlich – Deine Aufmerksamkeit darauf richten, daß Du herausfindest, was es heißt, respektvoll und achtsam zu sein mit Dir und mit all dem, was um Dich herum da ist. Und indem Du das tust wird es für Dich Schritt für Schritt mehr möglich, zu entdecken, wie Du mit Dir und mit anderen in Verbindung bist. Wie Deine eigene Resonanz klarer und deutlicher wird für Dich – und auch die Resonanz mit anderen. Diese wunderbare Vielfalt der Verbindung – zu anderen Menschen, zu Pflanzen oder auch zu Tieren. Und vielleicht zeigen Dir diese Teile Symbole, vielleicht ganz klare Bilder Deiner Zukunft – vielleicht sagen sie Dir etwas, vielleicht wollen sie aber auch nur, daß Du es spürst. Und so nimmst Du die Antwort jetzt einfach an – so wie sie ist – und entdeckst, wie Du Dein Leben noch respektvoller und achtsamer leben kannst. Wie Du noch mehr spürst, daß Du wertvoll bist, egal ob Du etwas tust dafür oder nicht. Und dann kannst Du es so annehmen, wie es für Dich richtig ist – jetzt.

Und gleichzeitig bittest Du, daß eventuelle Einschränkungen und Beliefs, die das verhindern und die immer noch im Weg sind und glauben, daß Du ganz viel tun mußt, damit Du wichtig und wertvoll bist und daß Du ganz viel tun mußt, damit Du mit dazugehörst, daß diese Beliefs sich jetzt ändern und neue entstehen, die es Dir erlauben, mit dazuzugehören – natürlich und selbstverständlich – jetzt.

Und alles, was jetzt noch nicht ausgeglichen ist, wird es später in der Nacht sein, wenn Du schläfst oder vielleicht auch in den nächsten Tagen – genau zu der Zeit, wo es für Dich stimmt und gut ist. Und das Unbewußte kann sich so viel Zeit nehmen, wie es braucht, um alle diese neuen Beliefs entstehen zu lassen – ganz in Deinem Rhythmus und in Deinem Tempo. Und dann bittest Du sowohl den Teil, der für Deine Bedürfnisse verantwortlich ist, als auch den Teil, der für andere verantwortlich ist, daß sie in jeder gegebenen Situation in Deiner Zukunft da sind, daß sie Dich unterstützen und Dir helfen. Und daß sie Dir sagen, wann diese Schwingung und diese Resonanz für Dich da ist und wann sie gestört ist. Und wann dieser Respekt und diese Achtung da ist und wann nicht – ob das jetzt Freunde sind oder Bekannte oder Fremde. Und daß sie Dich aufmerksam machen, daß Du zumindest überlegst und nachdenkst.

Und wenn Du magst, laß jetzt zur Generalprobe eine Situation kommen, wo Du nicht geachtet und respektiert wirst, wo Du nicht das Gefühl hast, daß Du wichtig und wertvoll bist. Und bitte die Teile, daß sie Dir Möglichkeiten zeigen – jetzt – wie Du Dich selber und andere noch mehr respektieren und achten kannst. Und wenn Du das Gefühl hast, daß andere Dich nicht achten, ist alles nur ein Spiel. Und so wie Du bemerkst, daß andere Dich nicht achten und respektieren, so achtest und respektierst Du Dich auch selbst nicht. Vielleicht nicht in diesem Moment, aber generell.

Und wenn Du Lust hast und Mut hast, laß Dir den Spiegel vor Augen halten, wie respektlos und achtlos diese Person in dieser Situation mit Dir umgeht und wie achtlos und respektlos Du in dieser Situation bist mit anderen. Und indem Du in Dir mehr und mehr das Gefühl von Achtung und Respekt kommen läßt, kommst Du immer mehr in Kontakt mit Deiner Kraftquelle, und es können mehr und mehr Möglichkeiten vor Deinem inneren Auge entstehen, wie Du auch in dieser Situation respektvoll und achtsam sein kannst und Du weißt, daß Du genau so wertvoll und wichtig bist wie die anderen. Und während Dein Herz sich weit öffnet, merkst Du, wie dieser Respekt und diese Achtung mit Liebe kombiniert ist und wie daraus diese besondere Freude entsteht, mit der so vieles möglich ist und so vieles auf wunderbare Art zu lernen ist – einfach indem Du Erlaubnis gibst, daß auch in dieser Situation Respekt und Achtung auf irgendeine Art möglich sein wird, wo es Dir jetzt noch ganz unmöglich erscheint. Und indem Du das geschehen läßt und die Erlaubnis gibst, passiert das vor Deinem inneren Auge. Und Du spürst auch diese Toleranz und diese Achtung in dieser Situation und mit diesen Leuten klar und deutlich. Du mußt nicht mit jedem ganz befreundet sein, aber Achtung kannst Du haben für ihn. Und wenn diese Situation jetzt noch nicht ganz so respektvoll da ist, dann werden diese Teile das für Dich machen – zur richtigen Zeit und im richtigen Moment und Du wirst vielleicht überrascht sein, daß Du auch in dieser Situation wichtig bist und Respekt hast für Dich und die anderen. Und mehr und mehr kannst Du erleben, wie Du Deine Resonanz lebst und mit anderen in Verbindung bist.

Und Du kannst diesen Schutz um Dich herum spüren, der Dir von Deiner Kraftquelle geschenkt wird – der Schutz, der nur Liebevolles, Harmonisches hereinläßt und alles andere vorbeiziehen läßt – jetzt. Und vielleicht entwickelt sich dieser Schutz langsam, vielleicht ist er jetzt schon da. Ganz zart und durchlässig und doch hilft er Dir, Deine Achtung und Deinen Respekt zu halten – egal was rundherum passiert. Und immer leichter kannst Du frei wählen, mit wem Du zusammen sein willst.

Und dann laß diese Situation in Deiner Erinnerung verschwinden und laß eine andere kommen, wo Du mit anderen nicht so in Verbindung sein kannst, wo Du nicht so respektvoll bist und wo Du nicht so tolerant sein kannst. Und frag mal die Teile, ob es da eine Möglichkeit gibt, daß Du Dich selber und die anderen achtest und akzeptierst. Und alles ist ein Spiegel – so wie Du Dich selbst achtest und respektierst, so kannst Du die anderen achten und respektieren. Und frag auch, auf welche Art Du nicht respektiert wirst von den anderen – so wie Du selbst Dir nicht richtig Respekt gibst und Dich achtest, so können auch andere Dich nicht achten und respektieren. Wenn Du es Dir selber nicht gibst, gibst Du die Erlaubnis, daß auch andere es nicht tun. Und indem Du jetzt Deinen Wert, Deine Wichtigkeit und Deine besondere Einzigartigkeit schätzt und achtest, werden auch die anderen es tun. Und so kannst Du jetzt noch einmal für Dich fragen, wie es Dir möglich ist, Dich auch in dieser Situation zu achten und zu schätzen. Und vielleicht stellst Du das nicht nur so als Frage, sondern läßt Dir die Antwort tief aus Deinem Herzen schenken.

Und Du kannst damit später weitermachen – heute Nacht, in den nächsten Tagen – immer wieder. Und immer wieder neu entdecken, was für Dich Achtung heißt und Respekt. Was es für Dich heißt – in Verbindung sein – selbstverständlich und liebevoll. Und wie Dein Unbewußtes alle notwendigen Angleichungen trifft, so daß es immer öfter und immer leichter für Dich möglich sein wird, in all den Situationen, wo Du Dich nicht respektiert fühlst, den Spiegel zu nehmen und die Achtung und den Respekt in Dir selbst mehr und mehr lebendig werden zu lassen. Und mehr und mehr kannst Du auch Deinen Schutz entstehen lassen, immer selbstverständlicher wird er ein Teil von Dir. Ein Schutz, der nur Liebevolles und Harmonisches durchläßt und alles Destruktive vorbeiziehen läßt. Und vielleicht spürst Du, wie es Dir aus diesem besonderen inneren Zustand heraus leichter und leichter fällt, Dir bewußt zu machen, daß Du etwas zu verschenken hast und daß Du selbst einen wichtigen Beitrag leisten kannst. Und immer stärker und klarer spürst Du das Symbol in Deinen Händen und in Dir, so daß Du sicher und gestärkt Deinen Weg gehen kannst und mithelfen kannst, daß das Freundliche mehr und mehr um Dich herum wird – jetzt.

Und Du kannst hier verweilen, solange Du möchtest. Und wenn Du bereit bist, kannst Du Dich langsam wieder zurückbringen über die Schwelle. Zurück in die andere Wirklichkeit, bis es Dir vertrauter und vertrauter wird, in diesen beiden Wirklichkeiten hin- und herzugehen und diese beiden Welten miteinander zu verbinden – die rationale und die intuitive Welt – die innere Wirklichkeit der Träume und Visionen und die äußere Wirklichkeit auf dieser Erde hier. Und dann, wenn Du Dich entschieden hast zurückzukommen, dann streck Dich und dehn Dich und beweg Dich, denn erst durch Deine Bewegung bringst Du all das Geschenkte hierher – Du kannst es aufschreiben oder aufzeichnen oder Dich hineintanzen und Dich hineinbewegen in dieses wunderbare intensive Gefühl der Achtung und des Respekts für Dich und für andere.

Dein Lebensauftrag

Wofür bin ich auf der Erde?

Mit dieser Reise entdeckst Du, was Du besonders gut kannst und was Dein Beitrag ist im Universum, damit das Freundliche mehr wird.

Du gehst über die Schwelle in die andere Welt und liegst am Strand eines Ozeans, hörst die Wellen und läßt Dich von ihnen umströmen und innerlich reinigen.

Und die Sonne wärmt Dich und ist wie eine kleine Sonne in Deinem Solarplexus, die Dich innerlich wärmt. Und Du bist hell und licht und durchströmt von den Wellen des Ozeans und Dein Körper entspannt immer mehr.

Und Du öffnest Dein Herzzentrum ganz weit und laßt all die Liebe zu Deinem dritten Auge und Deinem Solarplexus strömen und verbindest so Deine Liebe mit Deiner Intuition und Weisheit und mit Deiner Kraft.

Und Du erfährst, was das heißt: „Macht der Liebe".

Mit der Macht Deiner Liebe kannst Du Deine persönliche Power immer und überall leben – beruflich und privat – und Du kannst das Freundliche mitgestalten.

Und die Macht der Liebe transformiert alle Deine Beliefs, die im Weg stehen und verwandelt sie in neue, wie z.B.: „Ich liebe mich – ich mag mich, wenn ich powervoll bin." Oder: „Andere Leute können ihre eigene Power mehr und mehr entfalten, je mehr ich meine eigene ausdrücke." Oder: „Die Macht der Liebe ist etwas Wunderbares." Oder: „Meine persönliche Power ist Liebe." Oder Du läßt Deine eigenen Affirmationen in Dir entstehen.

Und mit diesen Affirmationen kommt der Teil zu Dir, der verantwortlich ist für diese persönliche Power und er stellt die Verbindung zu Deiner Kraftquelle her.

Und auch in Situationen, wo es Dir noch nicht gelungen ist, Deine Power zu leben, bringt er das Licht und die Töne Deiner Kraftquelle hinein und schenkt Dir damit neue Möglichkeiten.

Und diese Power erfüllt Dich und alles um Dich herum mit Harmonie und wenn Du bereit bist, dann sag: „Ich bin bereit, daß sich mein ganz persönlicher Auftrag vor mir entfaltet."

Und Du siehst vor Dir den Weg in Deine Zukunft, ins Licht, mit Farben und Klängen, und am Ende ein Symbol, das Du in Empfang nimmst und in Dein Herz schließt.

Und was immer Dein Auftrag ist, Du kannst es ohne Wertung annehmen. Und vielleicht ist es Dir schon völlig klar, vielleicht enthüllt sich Dein Auftrag auch Schritt für Schritt für Dich. Im richtigen Moment wird es Dir immer klar sein.

Und dann nimm Dein Symbol mit und komm wieder über die Schwelle zurück in diesen Raum.

Dein Lebensauftrag

Wofür bin ich auf der Erde?

Hier kannst Du herausfinden, was Du besonders gut und leicht kannst. Was Dein Beitrag ist im Universum, damit das Freundliche mehr wird.

Und dazu kannst Du Dich wieder mitnehmen lassen über die Schwelle in dieses andere Reich, die andere Bewußtseinsebene. Und indem Du Dich da mitnehmen läßt, läßt Du alle die Gedanken los, die einschränkend sind und alle Beliefs, die nicht erlauben, daß Du ganz frei bist. Und aller Ärger bleibt zurück, aller Frust. Und hier in dieser anderen Dimension kannst Du Dir vorstellen, Du liegst an einem Strand, an einem Ozean, wo die Wellen reinkommen. Und wie diese Macht und diese Power Deine Emotionen ganz intensiv in Bewegung setzen und Dich lebendig werden lassen, während Du diesen Geräuschen der Wellen lauscht – diesem Rauschen des Wassers. Und Du kannst den Sand spüren, auf dem Du liegst und die Erde unter Dir, und Du kannst sie annehmen, all diese Kraft der Erde, all das, was die Erde Dir schenkt. Ganz von allein, während Du mit Deinen Gedanken vielleicht zum blauen Himmel wanderst, zur Sonne, die Dich wärmt und Deine Haut berührt, und zum Wind, der Dich streichelt, so daß es Dir ganz bequem ist.

Und Du kannst Deine Aufmerksamkeit ganz auf Dich, die Natur und die Elemente um Dich herum richten – keine Menschen sind da und Du bist frei und gehst in dem Rauschen und den Klängen des Ozeans ganz auf. Und die Wellen, die heranrollen, waschen alles in Dir rein, bis Du ganz rein bist. So daß Du klarer und klarer wirst und es Dir leichter und leichter wird, alles Alltägliche hinter Dir zu lassen. Die Aufmerksamkeit ganz auf Deine innere Reise gerichtet, kannst Du Dich treiben lassen – jetzt. Und mehr und mehr wirst Du eins mit der Natur um Dich herum und mit den Elementen und Du findest Deine Ruhe und Deinen Frieden in Dir. Das Herz des Ozeans, Dein Herz, öffnet sich weit. Und all diese Vielfalt, all dieses Miteinander läßt alles in Dir noch mehr zur Ruhe kommen und entspannt Dich noch ein bißchen mehr.

Und Du spürst die Füße und die Beine hoch, wie die Entspannung in Deine Hüften kommt und in Deinen Bauch – mit jedem Atemzug bist Du noch ein bißchen mehr eins mit Dir – noch ein bißchen mehr Du selbst. Das Strömen in Dir wird klarer und klarer – mit jeder Welle mehr. Deine Arme und Dein Gesicht – die Augen und die Lippen und das Kinn – ganz ruhig und entspannt und lebendig. Und vielleicht hast Du Lust, Dir vorzustellen, daß die Sonne, die Dich wärmt, ganz in Deinem Bauch ist, in Deinem Solarplexus – wie eine kleine Sonne. Und von da aus wärmt sie Deinen Körper – von innen her. Alles wird durchstrahlt und hell und warm. Mehr und mehr. Und vielleicht läßt Du die Wellen des Ozeans durch Deinen Körper rauschen – beginnend mit den Füßen und durch den ganzen Körper. Und wie sie Deinen Körper dabei reinigen und klären. Und nicht nur Deinen Körper, Deine Organe, sondern auch Deine Gefühle und Gedanken – ganz von allein – jetzt. Und Du spürst mehr und mehr, wie all diese Lebendigkeit in Dir wach wird und der Körper Dir zeigt, was das heißt, wenn Du ganz in Deinen Kräften bist und dazu Ja sagst. Und daß Du nicht mehr Angst hast, daß Du sie mißbrauchen könntest, sondern Dich freust, daß sie da sind und daß Du weißt, daß Du in all Deinen Kräften das Freundliche mehr werden lassen kannst. Mehr und mehr Dir selbst vertraust und sicherer und sicherer wirst, während Du Deinen Körper weiter beobachtest, wie er sich dabei noch mehr verändert – Deine Schultern, Dein Nacken. Wie Du Deinen Körper bewegst und wie Du gehst, wenn Du ganz in dieser persönlichen Power bist, die Dir eigen ist. Und wie da ein Streben ist, diese Power zu entfalten, die ganz speziell mitverantwortlich ist, daß Deine einzigartige Blüte zum Blühen kommt.

So wie Du in der Vergangenheit immer dann, wenn Du wirklich für Dich sagst, daß Du erfolgreich warst, Deine Grenzen ausgetestet hast. Und wie diese persönliche Power da war und Du dadurch Deinen Beitrag mit geleistet hast. Und wie Du das mit jedem Atemzug mehr und mehr kommen läßt und mit jedem Atemzug mehr und mehr kennenlernst, was es heißt, diese Kraft in Dir zu spüren. Indem Du jetzt die Aufmerksamkeit auf Dein Herzzentrum richtest und es weit öffnest und alles von Deinem Herzen, was an Liebe da ist, zu Deinem dritten Auge, zu Deiner Intuition fließen läßt und nach unten zu Deinem Bauch, zum Solarplexus.

Und dieser Fluß ermöglicht es Dir, daß all diese Kraft, die Dir eigen ist, mit Liebe und mit Deiner Intuition und Weisheit gekoppelt ist und Dich sicher macht, daß Du niemals Macht mißbrauchen wirst. Und wie Du hilfst, mitzugestalten, daß das Freundliche mehr wird – und daß es Dir möglich ist, mit anderen noch freier Du selbst zu sein, Dich und die anderen zu spüren, in diesem wunderbaren Miteinander – mit jedem Atemzug laß es geschehen. Vom Herzen zum dritten Auge, zum Solarplexus. Vielleicht merkst Du, wie sich in Deinem Körper etwas verändert. Und vielleicht entscheidest Du, daß Du es noch ein bißchen intensiver und noch ein bißchen schöner kennenlernst, was es heißt „Macht der Liebe" – mit der Du Deine Intuition und Weisheit hierher bringst. Und laß Dir Antworten von innen geben, wenn Du bereit bist, das anzunehmen und die Macht der Liebe mehr und mehr mit einzubringen. Was das für Dich heißt, so daß es in jeder Situation in der Du bist – ob privat oder beruflich – nicht darum geht, ob einer besser oder schlechter ist, sondern daß Du weißt, daß jeder seine persönliche Power hat und damit jeder seinen persönlichen Beitrag liefert. Und wer das zurückhält, hält auch seinen Beitrag zurück. Und wie es für Dich stimmt, so daß Du sagst, es ist gut und es ist wunderschön, wenn ich meine persönliche Power lebe, weil dadurch all das andere, die Freude und die Liebe und die Schönheit, mehr und mehr wird. Und wenn Du Ja dazu sagst, dann laß Dir zeigen, wie Du ausschaust und wie Du Dich bewegst, wie Deine Stimme klingt, wenn Du ganz in Deiner persönlichen Power bist – jetzt.

Und wie es Dir dadurch leichter und leichter fällt, in Verbindung zu sein mit anderen. Wie es Dir leichter fällt, das Freundliche mit zu gestalten und Deinen Beitrag zu leisten. Wie es Dir dadurch ermöglicht wird, daß jeder seines tun kann und Du Dich freust, daß die anderen ihres tun und Du nur Deines tun mußt. Und wenn Du möchtest, dann bitte jetzt, daß alle Beliefs und alle Gedanken, die im Weg sind, gehen und Du diese Macht der Liebe frei leben kannst. Daß sie gehen – jetzt – und sich verändern und unterstützend werden und hilfreich, um Deine persönliche Power zu leben und weiter zu entfalten. Beliefs, die vielleicht heißen können: „Ich liebe mich – ich mag mich, wenn ich powervoll bin." „Andere Leute können ihre eigene Power mehr und mehr entfalten, je mehr ich meine eigene ausdrücke." Oder vielleicht: „Die Macht der Liebe ist etwas Wunderbares." Oder vielleicht: „Meine persönliche Power ist Liebe." Und laß jetzt kommen, was für Dich passend ist – Deine eigenen Affirmationen, Deine eigenen neuen Beliefs und Gedanken. Hier in diesem Reich von Weisheit und Liebe, wo alles möglich ist.

Und während diese Affirmationen kommen, kommt der Teil von Dir, der verantwortlich ist für diese persönliche Power – in seiner ganzen Vielfalt – jetzt zu Dir. Und er zeigt Dir, wie er ganz besonders natürlich und selbstverständlich seine Power entfalten kann, indem er mehr und mehr in Verbindung ist mit der Kraftquelle, die alles speist und alles lebendig werden läßt – jetzt. Und indem er Dir gegenüber ist, beginnst Du mehr und mehr, Deine persönliche Power zu spüren – ganz nach dem Resonanz-Prinzip. Und indem Du sie spürst, nimmst Du sie an. Indem Du einfach hier bist, wird es mehr und mehr natürlich für Dich, Dir die Verbindung zu Deiner Kraftquelle zu erlauben, die in Dir alles lebendig werden läßt – all Deine Kräfte. Und mehr und mehr spürst Du die Gegenwart dieses Teils und dieses Helfers und Meisters von Dir – jetzt. Mehr und mehr wird Dir Deine Kraft vertrauter.

Und Du läßt diese persönliche Power von Dir sich mehr und mehr entfalten, einfach indem Du hier verweilst, mit Deinem Teil und Deinem Lehrer. Und Du weißt, daß es gut ist und die einzige Möglichkeit ist, das Freundliche mitzugestalten. Und mehr und mehr spürst Du diese Leichtigkeit in Dir, die Du nun nicht mehr zurückhalten und verstecken mußt – und mehr und mehr kannst Du Deine Schönheit sich entfalten lassen, Deine Lebendigkeit – das, was Du bist, Deine Weisheit und Deine Leichtigkeit.

Und laß Dir irgendeine Situation in Deinem täglichen Leben schenken, wo Du Dich nicht traust, Deine persönliche Power zu leben. Wie dieser Teil von Dir, dieser Meister und Lehrer, Deine Kraftquelle mit ihrem speziellen Licht und den Farben und Klängen in diese Situation bringt, so daß es ganz natürlich für Dich wird, ganz Du zu sein. Ganz zu Dir zu stehen, zu blühen, wie eine wunderbare Blume. Und Du läßt Dir ganz neue Verhaltensweisen schenken, die viel klarer sind. Viel einzigartiger. Die Dir viel mehr Möglichkeiten eröffnen – sowohl in Deinem Privaten, wie auch in Deinem Arbeitsbereich. Und wenn Du neugierig bist, frag mal, was Du machen kannst, daß es noch leichter und natürlicher ein Teil von Dir wird. Daß es Dir noch mehr vertraut wird, diese Intensität zu spüren.

Und so oft wie Du willst, kannst Du mit diesem Teil und Meister und Helfer in Verbindung treten – der einfach bei Dir verweilt und Dich unterrichtet, so daß Dir Deine eigene persönliche Power vertrauter und vertrauter wird. Und Du mehr und mehr entdeckst, was es für Dich heißt: Macht der Liebe. Und diese ganz besondere Ausstrahlung geht von Dir aus. Eine Ausstrahlung, die mehr und mehr um Dich herum anzieht, so daß andere noch lieber zu Dir sind, sich noch mehr freuen, in Deiner Gegenwart verweilen zu können und mit Dir gestalten zu können. Und nimm jetzt ganz bewußt an, von Deiner Quelle, das Licht und die Farben und die Töne, die alles in Dir aktiv werden lassen. Wie Dein Herz sich öffnet und es Dir leichter und leichter fällt, andere zu lieben. Und indem Du das tust, wird Deine Power leichter und wächst – wird mehr. So natürlich, wie alle Kräfte in der Natur.

Und Deine persönliche Power ist auch verantwortlich, daß in Dir Harmonie entsteht, in Dir alles lebendig wird – diese Harmonie in Dir und mit allem, was Dich umgibt, so daß Du spürst was es heißt, mit dem All eins zu sein – Deine Gedanken und Deine Gefühle, Deine Sprache und Deine Aktivitäten. Wie sich alles ganz natürlich in diese Harmonie einbettet. Indem Du zu Deiner persönlichen Power Ja sagst, wirst Du noch natürlicher ein Teil dieser Ganzheit, die ganz natürlich jeden Tag mehr wird. Und wenn es für Dich stimmt, dann kannst Du jetzt Ja sagen und Dir zeigen lassen, was Du dann für Möglichkeiten hast. Wenn Du Ja sagst zu Deiner persönlichen Power, sagst Du Ja zum Mitgestalten des freundlichen Universums – und dann bist Du bereit, Deinen ganz persönlichen Lebensauftrag zu sehen.

Und dann, wenn es für Dich stimmt, sag: „Ich bin bereit zu wissen, ich bin bereit zu sehen. Ich bin bereit, daß sich vor mir mein Auftrag entfaltet – der Auftrag, wofür ich hier bin. Meine ganz persönliche Weisheit, mit deren Hilfe ich mitgestalten kann – jeden Tag ein bißchen mehr. Jeden Tag wird es ein bißchen mehr und deutlicher."

Und Du kannst Dir jetzt vorstellen, daß vor Dir in Deiner Zukunft Licht ist – und weit ausgebreitet ein wunderbarer Weg ins Licht – in Farben und Klängen. Und ganz am Ende dieses Weges ist ein Symbol, das steht für Deine persönliche Power und Deinen persönlichen Auftrag, den Du hierher bringst. Mit Deiner persönlichen Weisheit, mit der Du hier mitgestalten kannst. Und Du kannst Dich jetzt sehen, wie Du in Deine Zukunft gehst – vielleicht wanderst Du ganz gemütlich, vielleicht hüpfst Du oder tanzt Du. Vielleicht läufst Du hin zu diesem Symbol, das für Deinen Auftrag steht, für das, was Du tun kannst.

Und dieses Symbol kannst Du in Empfang nehmen – jetzt. Spüren, auf Deine Art annehmen, dankbar, und ganz in Dein Herz, in Dich hineinnehmen. Spüren, wie es sich anfühlt, dieses Symbol, das Dir hilft, noch leichter Ja zu sagen. So daß alles in Dir noch leichter fließen kann – in Deiner ganz persönlichen Power – und sich Dein persönlicher Weg und Deine persönliche Weisheit jeden Tag mehr und mehr entfaltet. Immer in die Richtung dieses Symbols – klarer und deutlicher, sich umsetzt in tägliches Verhalten. Und Du kannst auch fragen, was Du jetzt schon tust in Deinem Leben, was im Zusammenhang ist mit Deinem Auftrag. Das können kleine Sachen sein – meistens all das, was Du gerne tust, was Dir leichtfällt. Das ist Dein Auftrag. Und laß Dir auch zeigen, ob Deine Fähigkeit und Dein Auftrag eher im Schreiben besteht, im Umgang mit Kindern, in der Wirtschaft, in der Beratung – was immer es ist. Laß es Dir zeigen – jetzt.

Vielleicht ist es etwas Größeres, vielleicht etwas ganz Kleines. Aber auch das ist wieder nur eine Bewertung von Dir. Es ist der Beitrag, den Du liefern kannst – jeden Tag. Und jeden Tag kannst Du sehen, wie Du mehr und mehr diese Kreativität zuläßt und diese Intuition und Weisheit – in allen möglichen Situationen Deines täglichen Lebens. Und es ist nicht so wichtig, daß Du ganz genau weißt, was es ist – welche Arbeit im Speziellen es ist – sondern, daß Du diese Qualität um Dich herum verbreitest, die mit diesem Symbol und mit Deinem Auftrag im Einklang ist.

Und Du erkennst auch, ob Dein Auftrag eher darin liegt, mit anderen Menschen einzeln oder in Gruppen zu arbeiten, oder mit Tieren oder

Pflanzen, mit Mineralien oder in der Technik Deinen Beitrag zu liefern und die Harmonie wieder herzustellen. Und laß Dir alles schenken, was dazugehört – jetzt. Und indem Du Ja sagst, wird Dein Auftrag sich mehr und mehr vor Dir entfalten – jeden Tag ein bißchen mehr. Und vielleicht siehst Du ganz weit in die Zukunft, was es wirklich ist – vielleicht nur Schritt für Schritt – so wie es für Dich jetzt richtig ist. Und vielleicht freust Du Dich immer wieder, wenn Du feststellst: „Ach – das ist mein Auftrag – das ist mein Beitrag." Und vielleicht hast Du Deinen Lebensauftrag jetzt schon klar vor Dir – vielleicht nur andeutungsweise, vielleicht noch gar nicht. Er wird zur richtigen Zeit und im richtigen Moment für Dich klar da sein – vielleicht auf einmal als Gesamtheit, vielleicht indem Du Schritt für Schritt wach bist und aufmerksam und mehr und mehr entdeckst, wie sich das zusammenfügt zu einem wunderbaren Ganzen – zu Deinem Auftrag.

Und liebevoll kannst Du diesen Prozeß annehmen – in Deinem Rhythmus. So langsam oder schnell wie es für Dich stimmt, läßt Du sie sich entfalten – Deine Visionen und Deinen Weg. Und indem Du die Visionen deutlich werden läßt, wird es natürlicher und selbstverständlicher mitzugestalten.

Und Du kannst hier verweilen und Dir schenken lassen, was noch da ist für Dich. Oder Du läßt Dich über die Schwelle zurücktreiben, in die andere Wirklichkeit, in den Raum wo Du bist. Und Du streckst und dehnst Dich. Und freust Dich, daß Du am Leben bist und ganz wach bist und Dich ganz wunderbar und wunderschön fühlst – und daß Du Lust hast, Dich zu bewegen, zu tanzen und zu singen – oder aufzuschreiben, was Du bekommen hast.

Herzenswunsch

Die eigene Resonanz kennen und leben

Herzenswunsch und Selbstliebe entdecken und leben.

Über die Schwelle gehen in die andere Welt und in Verbindung kommen mit dem Licht und mit Deiner Seele.

Entdecken, was es für Dich heißt, Dich und andere zu lieben.

Und dann bitte Dein Herz, daß es eine Brücke baut zu Deinem Bewußtsein, so daß Du es klar und deutlich hören kannst und es Dir immer mehr gelingt, zu hören, was Dein Herz Dir mitteilen möchte.

Dein Herz stellst Du Dir vor als lebendiges, weises Wesen, das Liebe aussendet in Deine Zukunft.

Und mehr und mehr wird es Dir gelingen, mit allen Sinnen und mit allen Zellen Deines Körpers Deinem Herzen zu lauschen und zu folgen.

Und in dieser Liebe bist Du in Verbindung mit Deiner Seele und Deiner Quelle.

Und wenn Du es dann wirklich willst, sag Deinem Unbewußten, daß Du in Zukunft der Weisheit Deines Herzens folgen willst – privat und beruflich.

Du siehst eine Situation, wo es Dir nicht so gut gelingt, Deinem Herzen zu folgen und Du läßt Dir neue Möglichkeiten schenken, wie Du dort liebevoller und weiser sein kannst.

Und dann spür, wie es sich für Dich anfühlt, Deinem Herzenswunsch zu folgen und laß es Dein Unbewußtes noch weiter integrieren – vielleicht auch in der Nacht.

Und dann laß Dir Situationen aus Deinem Alltag zeigen, wo Du Dich immer öfter fragen wirst: „Ist das jetzt liebevoll?" und schau Dir an, wie es Dir mehr und mehr selbstverständlich wird, Deinem Herzen zu folgen.

Laß Dir auch Situationen zeigen, wo Du Dir nicht vorstellen kannst, liebevoll zu sein, und finde mit Deinem Herzen das Liebevollste, was Dir dort möglich ist – liebevoll Dir und den anderen gegenüber.

Und Du sitzt in der Natur und begegnest dem Teil von Dir, der noch nicht sicher ist in dieser Liebe, bedank Dich für seine Hilfe in der Vergangenheit und frage ihn, ob er bereit ist, neue Verhaltensweisen und Beliefs anzunehmen.

Und Du bittest für diesen Teil, daß Deine Quelle ihn heilt, bis er mit Dir weiß, daß der einzige Weg zum Frieden der ist, die Kämpfe aufzugeben, sich selbst zu lieben und alles rundherum so anzunehmen, wie es ist.

Und dann nimm Deinen Herzenswunsch mit allen Sinnen wahr und laß diese Wahrnehmungen noch intensiver werden.

Und laß Dir neue Beliefs dazu schenken.

Bleib noch eine Weile bei dieser besonderen Schwingung Deines Herzens und komm dann wieder zurück in diesen Raum.

Herzenswunsch

Die eigene Resonanz kennen und leben

Herzenswunsch und Selbstliebe – Dich selbst lieben und Deinem Herzenswunsch folgen. Was diese Begriffe für Dich bedeuten, kannst Du jetzt im Folgenden für Dich entdecken.

Und als erstes kannst Du es Dir wieder ganz bequem machen. Tief einatmen und beim Ausatmen alles ziehen lassen, was Du nicht brauchst. Und die Aufmerksamkeit erst einmal mehr auf das Ausatmen richten. Ganz bewußt ausatmen – noch ein bißchen mehr, wenn Du meinst es geht nicht mehr. Und dann nur ruhig beobachten, wie der Atem wieder langsam kommt und Dich anfüllt. Und indem Du die Aufmerksamkeit ganz auf das Ausatmen richtest, wird Platz für frische Luft und für das Einatmen, das Du einfach kommen läßt – jetzt.

Und Du läßt Dich wieder mitnehmen, über die Schwelle in die andere Welt, in das andere Reich. Dort wo Freude und Lebendigkeit möglich ist. Wo alle Beliefs, die Einschränkungen für Dich bedeuten, nicht mehr da sind. Wo Leichtigkeit und Harmonie da ist – die perfekte Balance zwischen allem – im Miteinander. Wo jeder wirklich das ist, was er sein könnte, ohne die Einschränkungen dieser Erde.

Und indem Du Dich da mitnehmen läßt und über die Schwelle gehst, läßt Du alle einschränkenden Beliefs zurück und spürst, wie Dein Herz weiter und weiter wird. Und wie Du mehr und mehr wieder in Verbindung kommst – ganz von allein – mit dem Licht, das da ist – mit Deiner Seele. Und wo Deine Gedanken ruhig werden und Deine Gefühle still werden, wie ein Gebirgssee. Hier, wo Du Deine Seele triffst und bewußter mit ihr in Verbindung trittst. Und wo der Regenbogen die Verbindung ist, hin zu Deiner Quelle. Und während Du im Miteinander bist von Leuten, die ihren Weg gehen, öffnet sich Dein Herz weiter und weiter.

Und Du beginnst herauszufinden, was es heißt, Dich selbst zu lieben, Dich selbst zu mögen. Und wieviel Kapazität, wie viele Möglichkeiten Du hast zu lieben. Liebe zu Kindern, zu Partnern, zu

Freunden, zu Fremden auf der Straße. Und indem Du das Herz sich weit öffnen läßt und spürst, was das für Dich heißt, kannst Du beginnen zu spüren und wahrzunehmen, wie Du diese Liebe zu all dem spürst, was um Dich herum da ist, in dieser Dimension. Freunde und andere – in diesem Miteinander. Und wie hier in dieser Dimension jedes Wesen ganz natürlich seiner inneren Stimme, seinem Herzen und seiner Liebe folgt – in jedem Moment, nicht nur manchmal und zufällig. Und indem Du Deine Aufmerksamkeit ganz auf Dein Herz richtest, findest Du, was Du für Dich und für andere brauchst. Und Du kannst entscheiden, welche Bedürfnisse Du vorrangig behandelst – Deine eigenen oder die der anderen – in jedem Moment.

Und Du kannst jetzt Dein Herz bitten, eine Brücke zu bauen für Dein Bewußtsein – was immer das heißt, so daß es lauter zu Dir sprechen kann. So laut, daß Du es deutlicher und deutlicher verstehst.

Und Dir klarer wird und Dir bewußter wird, wann Dein Herz Dir etwas mitteilen möchte, wenn Du es überhörst. Unbewußt hast Du das alles in Deiner Vergangenheit schon immer gemacht. Dann, wenn Du mit anderen und mit Dir liebevoll warst – und selbstverständlich im Miteinander mit dabei warst.

Und Du kannst Dir jetzt vorstellen, daß Dein Herz ein lebendiges, weises Wesen ist, das ganz viel Liebe aussendet in Deine Zukunft – in Deine Zukunft – und auf den Weg, der vor Dir liegt. So daß Du ihn noch mehr in Freude und in dieser besonderen Liebe gehen kannst. Und daß Du dem folgen kannst, was Dein Herz Dir sagt.

Und wenn Du es wirklich meinst, dann laß es geschehen, auf wunderbare Art. Und wie Du es mehr und deutlicher hören kannst, wie das Herz sich entscheidet, mit Dir zu sprechen und zu kommunizieren. Vielleicht sind es Worte, vielleicht ein bestimmtes Gefühl, das Dir sagt: „So, jetzt paß auf und lausch und horch und spür." Vielleicht will es mit Dir in Bildern und Farben kommunizieren. Es ist dieses besondere Signal, diese besondere Kommunikation, die ermöglicht Dir, noch mehr eins zu sein. Und dieses Wissen laß jetzt in alle Zellen gehen, so daß es für Dich klarer und deutlicher wird in jedem Moment in Deinem Leben. So daß Dein ganzer Körper das weiß, Deine Organe und alle anderen komplizierten Prozesse in Deinem Körper. Wie sie in Harmonie kommen, dadurch, daß Du Deinem Herzen lauschst – und wie Du nicht mehr dagegen arbeiten mußt, Dich nicht mehr plagen mußt, es wegzuschieben. Egal was Du machst – ob Du manchmal klar und deutlich sein mußt, vielleicht auch manchmal streng – daß es in Liebe passiert und mit Liebe. Und Dein ganzer Körper weiß es jetzt, was es heißt – Dich selbst mögen, Dich selbst lieben. Wie alles auch in Deinem Körper einzigartig ist – jede Zelle – und wie dieses Miteinander eine wunderbare Einheit ergibt, die Du bist. Und diese Einheit ist Liebe.

Und bitte jetzt Dein Herz, daß es diese besondere Schwingung erhöht – dieses Vibrieren – während Deine Zellen alle licht und hell werden. Und wie Verbindung zur Quelle da ist und Deine Seele die Brücke baut und alles in Dich herreinströmt. Wie es alles liebevoll miteinander vibrieren läßt und Du Dir selbst sagen kannst, daß Du Dich selber liebst – so wie Du bist. Daß Du Deine Gefühle – egal welcher Art – ob das jetzt Freude ist oder Trauer, ob das jetzt Frustration ist oder liebevoller Respekt – daß Du alles annimmst und erst einmal liebst. Daß Du Deine Gedanken magst und liebst. Und daß es da eine neue Ebene für Dich gibt und Du dann erst entscheiden kannst, was Du tun willst damit. Indem Du sie annimmst, erkennst Du Dich selber als ein Wesen voller Liebe und Weisheit.

Und wenn es stimmt für Dich, dann sag Deinem Unbewußten, daß Du in Zukunft in jedem Moment – soweit Dir das möglich ist – all jenes tust, was von Deinem Herzen aus Dir gesagt wird. Daß Du Dich führen läßt, Schritt für Schritt auf Deinem Weg zu Deiner ganz persönlichen Bestleistung hin, zu Deiner ganz persönlichen Kapazität – ganz von allein. Und wenn Du es wirklich glaubst und willst, dann sag Deinem Herzen, daß Du Deinem Herzen folgen willst. Seiner Weisheit und seiner Liebe. Und daß Du diese Führung Deines Herzens annimmst in Deinem Leben. In all Deinen privaten Beziehungen und bei Deiner Arbeit – jetzt. Und spür, was passiert – einfach indem Du annimmst.

Und dann laß eine Situation kommen aus Deinem Leben, wo es Dir nicht ganz gelingt, Deinem Herzen zu folgen, liebevoll zu sein und laß Dir jetzt diese Situation zeigen. Und laß Dir jetzt eine andere Möglichkeit zeigen, wie Du in dieser Situation liebevoller und weiser sein kannst. Etwas, was Du tun kannst. Etwas, was für Dich selbst und für die anderen Personen, die mit dabei sind, liebevoll sein kann. Und laß Dir das jetzt schenken von Deinem Herzen.

Und wenn es jetzt noch nicht ganz fertig ist, wenn Du noch nicht ganz alle Einzelheiten wahrgenommen hast, dann laß es Dir später zeigen – vielleicht auch in der Nacht während Du träumst. Und spür jetzt in Deinem Körper dieses besondere Gefühl. Was es für Dich heißt, Dich selbst mögen, Dich selbst lieben. Was es heißt, Deinem Herzenswunsch zu folgen. Wie fühlt sich das an in Deinem Körper, in Deinem Verstand, in Deinen Emotionen? Und spür was passiert, wenn Du die Erlaubnis gibst, Dich selbst zu mögen – nicht nur manchmal, sondern in jeder gegebenen Situation. Und indem Du das machst spür, wie die Verbindung zu Deiner Quelle natürlicher und selbstverständlicher wird, wie Deine Seele mit Dir ist und Dein Körper entspannter sein kann. Wie die Gefühle ruhig sind und die Gedanken liebevoll. Und laß Dir jetzt zeigen, in Deinem täglichen Leben, wie die verschiedenen Situationen sein können, wenn Du nicht nur alles machst, was Du machen sollst, sondern wenn das alles noch eingebettet ist, in all das Liebevolle, Harmonische, das von Deinem Herzen ausgeht. Und vielleicht wirst Du immer wieder einmal einen Moment anhalten und Dich fragen: „Ist das jetzt liebevoll?" – und ganz kurz nach innen lauschen, was Dein Herz Dir sagt. Und wie Du darin mehr und mehr Sicherheit bekommst – wie es mehr und mehr selbstverständlich wird für Dich, das zu tun. Und wie Du jetzt hier leben kannst von Deinem Herzen aus – und wie dadurch Freude leichter und selbstverständlicher wird. Und Frieden und Ruhe mehr und mehr in Deinen Körper einkehren kann. Wie Du genauer und deutlicher spürst, was Liebe heißt, je öfter Du einen Moment anhältst und – egal was im Moment da ist – einhältst und fragst: „Ist das jetzt Liebe?"

Und dann finde eine andere Situation in Deinem Leben, wo Du gerne noch liebevoller wärst – wo Du Dir fast nicht vorstellen kannst, daß das überhaupt möglich ist und frag Dich selber: „Was ist das Liebevollste, was Du für Dich selbst tun kannst, hier in dieser

Situation?“ Und wenn andere Personen dabei sind in dieser Situation, frag Dich: „Was ist das Liebevollste, was Du für Dich selbst mit dieser Person tun kannst? Was Dich selber und Deinen Weg am meisten achtet und respektiert.“ Und laß Dich überraschen, was Dir kommt. Und während Dir das kommt, laß Dir zeigen, wie Du Schritt für Schritt Deiner inneren Stimme folgst. Und wie es mehr und mehr Deine erste Verpflichtung sein wird, dieser inneren Stimme zu folgen. Und wie diese Stimme Dich immer hinführt zu Freude und Frieden. Wie diese Stimme immer liebevoll ist, nicht nur mit Dir, sondern mit all dem, was um Dich herum ist. Und wie Du mit Neugierde beobachten kannst, wie alles um Dich herum reagiert, wenn Du das tust.

Und laß noch eine andere Situation kommen, in der Du es noch nicht so ganz machen kannst. Wo es Dir nicht ganz so gelingt, in Harmonie zu bleiben und in Balance. Und frag auch hier: „Was ist das Liebevollste für mich selber in dieser Situation – was meinem Weg und meinem Herzenswunsch am ehesten gerecht wird? Was ist das Liebevollste, was ich tun kann, um zu achten und zu respektieren, wer ich bin?“ Und indem Du Dich achtest, kannst Du alles andere um Dich herum achten. Und Du wirst automatisch mit berücksichtigen, was um Dich herum nötig ist. Dieses Miteinander, in dem Du bist. Und indem Du in Dir selber diese Liebe wachsen läßt, wirst Du all dieses Liebevolle auch in anderen wahrnehmen und mehr und mehr werden lassen. Und Du gibst den anderen die Erlaubnis, dasselbe zu tun – anderen, die Dir begegnen – egal auf welcher Ebene und wo.

Und jetzt kannst Du Dir vorstellen, daß Du hier in dieser wunderbaren Welt an einem ganz wunderbaren Platz sitzt. Vielleicht auf einer Blumenwiese, die sich dadurch auszeichnet, daß alle Blumen auf ihre Art wunderbar und einzigartig blühen. Und auf dieser Wiese kommt Dir dieser Teil von Dir entgegen, der noch nicht ganz sicher ist in dieser Liebe. Der noch nicht ganz sicher ist, ob es wirklich richtig und gut ist, Dich selbst so zu lieben, Dich zu mögen. Der noch nicht ganz sicher ist, daß das wirklich gut ist, was Du möchtest. Und laß diesen Teil einmal kommen und bedank Dich bei ihm, daß er da ist für Dich, daß er versucht, Dinge für Dich zu tun.

Vielleicht, daß er all die Jahre versucht hat aufzupassen, daß Du nicht zu egoistisch wirst. Bedank Dich – ganz von tief innen und frag diesen Teil, ob er bereit ist, neue Verhaltensweisen zu finden, neue Beliefs, die es leicht und möglich machen, alles zu lieben und so anzunehmen, wie es ist – in seiner ganz persönlichen Einzigartigkeit. Ob er bereit ist, noch einen besseren Weg zu finden, es noch leichter und besser tun zu können. Und spür, wie einfach allein durch das Annehmen dieses Teils der Kontakt zu Deiner Quelle klarer und schöner wird. Und Du bittest, daß alle diese Qualitäten Deiner Quelle, diese Liebe, dieses Licht, diese Töne helfen, so zu sein, wie alles ist. Und daß Du für diesen Teil bittest, daß die Quelle ihn heilt – ganz natürlich und selbstverständlich und auf wunderbare Art. Daß er mit einem ganz neuen Verhalten alle Einwände ziehen lassen kann und weiß: „Der einzige Weg für Frieden ist, die inneren Kämpfe aufzugeben und sich selbst zu lieben und alles rundherum so anzunehmen, wie es ist, so daß es selbstverständlich und natürlich wird, daß Du Deinem Herzen folgen kannst, lauschen kannst, was es Dir mitteilt." Und wieviel Zeit Du dadurch bekommst, daß diese inneren Kämpfe weniger und weniger werden – die inneren Ängste – indem dieser innere Teil heil wird. Und wie Du zuschauen kannst, wie Deine Quelle und Deine Seele das für Dich tun.

Und Du kannst Dir schenken lassen, was das Neue ist – was es heißt, liebevoll mit Dir zu sein. Und dann spür in Deinem Körper, wie sich das anfühlt – welche besondere Vibration das ist. Damit Deine Zellen das kennenlernen – dieses besondere Gefühl. Wie die Zellen miteinander vibrieren, mit jedem Atemzug ein bißchen mehr. Und wie es leichter und natürlicher wird, in Zukunft immer wieder zu fragen: „Was ist mein Herzenswunsch – ist das liebevoll – fühlt sich das richtig an, ist es dieses Gefühl?" Und Du kannst den Antworten Deines Herzens lauschen – jetzt – indem Du es nochmal lauter werden läßt – oder wenn es Bilder sind, daß Du sie noch deutlicher siehst – und Gefühle noch klarer werden. Und wie dieser Teil mehr und mehr in seiner Schönheit zu strahlen beginnt, während die Quelle ihn heilt. Bis er soweit ist und sagt: „Ich bin bereit – ich kann den Weg in Liebe gehen und alles tun, was liebevoll ist – für mich und für andere. Und ich glaube, daß ich Liebe verdiene, daß ich wichtig bin und daß ich mich mag und ich auch anderen dadurch die Erlaubnis gebe, mich zu mögen. Und daß das die Voraussetzung ist, daß Du und ich Deinen Weg gehen können." Und laß Deine eigenen Affirmationen kommen, Deine eigenen neuen Beliefs, die dazu passen. Und vielleicht kommen diese neuen Beliefs zwischendurch, in den nächsten Tagen – und werden plötzlich bewußt. Und indem sie Dir bewußt werden, wird dieses Gefühl klarer und deutlicher werden für Dich und vertrauter. Und Du kannst beginnen, Dir noch mehr zu vertrauen als bisher. Noch mehr Vertrauen, daß es in Ordnung ist, ganz im Miteinander loszulassen.

Und Du kannst Dir jetzt noch Zeit nehmen, wenn Du willst, um noch zu verweilen und noch klarer und deutlicher für Dich diese besondere Schwingung zu erkennen, diese besonderen Mitteilungen Deines Herzens. Und wenn Du so weit bist, laß Dich über die Schwelle bringen, in die andere Wirklichkeit. In den Raum, in dem Du bist. Und Du streckst und dehnst Dich und spürst, wieviel von diesem Neuen, von dieser Liebe Du mitbringst. Wie Du ganz natürlich Deiner inneren Stimme lauschen kannst – manchmal bewußter, und manchmal unbewußter, um dadurch noch mehr all das zu genießen und zu entdecken, was Lebensfreude für Dich heißt – und daß Du ein Teil vom Ganzen bist.

Das weise Wesen

Antworten finden

Das weise Wesen in Dir hilft Dir, Antworten zu finden auf alle Deine Fragen, die Du ihm stellst.

Laß Dich schaukeln wie in einem Boot – tiefer und tiefer hinunter, bis zu einer verschlossenen Tür, die Dich in die andere Welt führt.

Öffne die Tür und geh einen schönen Gang weiter hinunter, bis zu einer Tür, hinter der es hell ist.

Du kommst in Deinen inneren Raum, in dem Du ganz zu Hause bist und geborgen und in dem alle Deine Werte für Dich da sind. Und in diesem Raum gibt es eine weitere Tür, die Dich zu dem weisen Wesen führt.

Du begrüßt es und stellst ihm Deine Fragen – und läßt Dich beschenken von den Antworten, egal ob Du sie hörst oder Bilder siehst oder es einfach nur spürst, was die Antwort ist.

Und wenn alle Fragen geklärt sind, bedank Dich und frag das Wesen, was Du für dieses Wesen tun kannst. Und nimm auch das wieder in Dir auf und versprich, es zu erfüllen.

Dann verabschiedest Du Dich von dem Wesen, das Dir verspricht, immer für Dich da zu sein, wenn Du es brauchst und gehst zurück – über Deinen inneren Raum – den Gang hinauf und durch die Tür hindurch, die Du wieder hinter Dir zusperrst.

Schaukelnd trägt Dich Dein Boot wieder nach oben und Du kommst wieder in diesen Raum zurück.

Das weise Wesen

Antworten finden

Bei dieser Reise begegnest Du dem weisen Wesen in Dir selbst, das Dir Hilfen und Rat geben kann auf alle Deine Fragen – egal ob sie gesundheitlicher Natur sind oder Deine Lebensgestaltung betreffen. Diese Reise hilft Dir, zu entdecken, daß es für Dich nicht notwendig ist, Verantwortung für Dein Leben auf andere zu übertragen, indem Du andere um ihren Rat für die Richtung Deines weiteren Weges fragst, sondern daß Du all das Wissen über Deine Fähigkeiten und Deine Bestimmung ganz in Dir selbst trägst und niemand anderer Dir ein so wunderbarer und wirklicher Ratgeber sein kann, wie Du selbst es bist.

Und so kannst Du Dich jetzt ganz entspannen, es Dir ganz gemütlich machen und diese Zeit jetzt ganz für Dich selbst nutzen. Und Du darfst es genießen, einmal gar nichts zu tun, außer einfach nur da zu sein, still zu werden und Dir Zeit für Dich selbst zu nehmen. Vielleicht hast Du damit schon oft gute Erfahrungen gemacht, weil Du entdeckt hast, daß Du anschließend mit viel mehr Schwung und Freude wieder an Deine Arbeit gehst und deshalb diese Zeit optimal investiert ist – vielleicht fällt es Dir aber auch noch schwer, jetzt einfach loszulassen, zu entspannen und gar nichts mehr zu tun. Dann hilft Dir vielleicht die Vorstellung von einem großen kraftvollen Fluß, der zwischendrin immer wieder einmal an irgendeiner Stelle scheinbar ganz zur Ruhe kommt und der dort doch nichts anderes tut, als große Energie anzusammeln, um ein Hindernis – eine Staustufe vielleicht – dann umso schwungvoller und dynamischer zu überwinden. Und so kannst auch Du Dir diese Zeit nehmen, als eine Zeit, in der Du ganz viel Energie tanken kannst, um Dich anschließend wieder umso aktiver Deinem Alltag zu widmen.

Und während Du da so sitzt oder liegst und Deinen Atem spürst, entdeckst Du, wie leicht es Deinem Körper fällt, zur Ruhe zu kommen, je ruhiger Dein Atem und Dein Herzschlag wird. Und wie Dein Atem immer tiefer und fließender wird – ganz von allein. Den ganzen Tag gelingt es ihm – auch ohne Dein Zutun und Deine

Steuerung – immer genau das Maß an Tempo und Intensität zu halten, das für die jeweilige Situation genau richtig ist, damit es in Dir atmet und fließt und strömt und Du ganz erfüllt bist von dieser wunderbaren Energie. Und so gelingt es Deinem Atem auch jetzt von ganz allein, das richtige Tempo und die richtige Tiefe zu finden, die es Dir möglich macht, mit jedem Atemzug noch mehr loszulassen und noch tiefer zu entspannen. Ein Fließen und Strömen und Pulsieren in Dir, ganz ruhig und tief und harmonisch.

Und Du kannst einmal spielen mit der Vorstellung über Deinen Atem: Stell Dir jetzt einmal vor, wie Du all die gute Energie mit jedem Atemzug mehr und mehr einatmest und mit jedem Ausatmen all das losläßt, was es noch an körperlichen und seelischen Spannungen da in Dir gibt. Einatmen – Energie. Ausatmen – Loslassen. Und dann stell Dir einmal vor, wie Du Dich mit jedem Einatmen mehr und mehr ganz auf Dich selbst konzentrierst, ganz in Dir selbst ruhst, ganz bei Dir bist. Und wie Du mit jedem Ausatmen all das verströmst nach außen in die Welt, was es da an Energien und Fähigkeiten, an Ausstrahlung und Liebe in Dir selbst gibt. Und mit jedem Einatmen spürst Du diese nie versiegende Quelle von Licht, Liebe, Lebensfreude und all den anderen wunderbaren Werten in Dir, und mit jedem Verschenken und Ausatmen und Verströmen nach außen wächst es und fließt und strömt es auch in Dir noch viel mehr und noch viel intensiver als zuvor. Und Du kannst fließen und Dich verströmen und doch auch ganz bei Dir selbst bleiben – Du bist ganz in Harmonie und in Resonanz mit Dir selbst und mit all dem, was um Dich herum ist.

Und so spürst Du, wie Dich Dein Atem auf wunderbare Weise mehr und mehr zu Dir selbst gebracht hat – und wie er Dich schaukelt, wie in einem Boot, das am Ufer eines Sees in der Sonne schaukelt und Dich wiegt und Dich trägt, wie ein kleines Kind – ganz geborgen und beschützt und friedlich. Und dann beginnt dieses Boot langsam schaukelnd, sich zu bewegen, immer tiefer und tiefer. Und Du spürst die Wärme und das ruhige und tiefe Schaukeln Deines Atems und sinkst langsam tiefer und tiefer. Mehr und mehr in die Tiefe, ganz ruhig und mühelos und schaukelnd und entspannt – tiefer und tiefer und tiefer.

Und dann ganz tief unten kommst Du an, bei Deiner Tür. Und Du steigst aus Deinem Boot, das hier bleibt und öffnest Deine Tür – vielleicht mit einem Schlüssel, dessen Platz nur Du kennst, vielleicht auch mit einem Zauberwort. Und Du gehst durch die Tür, die Du wieder hinter Dir schließt und kommst in einen langen Gang, der Dich noch tiefer führt. Und es ist ein schöner Gang, ganz vertraut – vielleicht in wunderschönen Farben beleuchtet, vielleicht auch mit einer wohlklingenden Melodie oder einem ganz besonderen Duft. Und Du spürst die Wände, wenn Du mit den Händen darüber streichst, während Du tiefer und tiefer gehst. Und Du hörst vielleicht auch Deine Schritte, wie Du mit jedem Schritt noch tiefer gehst, bis Du unten am Ende des Ganges ein Licht siehst, von einer angelehnten Tür. Und Du gehst tiefer und tiefer, bis zu dieser Tür und öffnest sie – und stehst im wunderbaren Licht Deines eigenen inneren Raumes – ein Raum, zu dem nur Du Zugang hast, und wo Du ganz Du selbst bist. Wo Du sein kannst und darfst, wie Du sein möchtest.

Und vielleicht ist Dir dieser Raum schon von anderen Besuchen vertraut, vielleicht ist er Dir auch noch ganz neu – oder vielleicht hat er sich auch seit Deinem letzten Besuch noch verändert, ist noch schöner, noch vertrauensvoller und angenehmer geworden, so daß Du gleich beim Eintreten gespürt hast, daß Du hier zu Hause bist – ganz bei Dir, ganz geborgen und sicher. Und daß Du hier all die Kraft und Freude und Liebe tanken kannst, die Du so gerne möchtest.

Und während Du noch all die gute Energie in Dir aufnimmst, die dieser Raum Dir schenkt, entdeckst Du noch eine neue Tür in diesem Raum, die Dich zu Deinem weisen Wesen führt. Zu dem Wesen, das Dich bis tief in Dein Innerstes kennt und Dir nahe ist, so wie ein Teil von Dir. Und so trittst Du durch diese Tür und begrüßt dieses Wesen, das dort schon auf Dich wartet und Dich liebevoll in Empfang nimmt – und Du spürst sofort diese wunderbare Vertrautheit zwischen Euch und diese liebevolle Nähe. Und das Wesen bittet Dich, es Dir bequem zu machen und ermutigt Dich, ihm die Frage zu stellen, für die Du gekommen bist. Und Du sprichst diese Frage jetzt aus, um Dich ganz dem anzuvertrauen, was dieses weise Wesen Dir jetzt mitteilen möchte. Und vielleicht sind es

Worte, die es zu Dir spricht, vielleicht zeigt es Dir auch Bilder oder Du spürst ein Gefühl auf Dich überströmen, das all die Antworten in sich trägt, die Du für Deine Frage gesucht hast. Was immer es auch ist, Du darfst Dich beschenken lassen – jetzt.

Und während Du all das in Dir aufnimmst, was Dir dieses Wesen an liebevollen Hilfen schenkt, entdeckst Du, daß auch jede weitere Frage, die sich für Dich dabei auftut, schon eine Antwort findet, noch bevor Du sie formuliert hast, so daß Dir die Lösung immer klarer und deutlicher wird.

Und Du spürst, wie Du ruhiger wirst und Kraft gewinnst, je klarer die Antwort in Dir wird, bis keine Frage mehr offen ist und Du ganz intensiv dieses wunderbare Gefühl in Dir spürst, Klarheit zu haben und einen Weg gefunden zu haben, der gut ist für Dich. Wie aus einer einzigen Frage eine Fülle weiser und schöner Antworten geworden ist, die Dir neuen Lebensmut und neue Lebensfreude schenken. Und während Du dieses Gefühl genießt, entdeckst Du, wie Du Dich schon darauf freust, mit all dem zu leben, was Du da an neuen Informationen bekommen hast. Wie es Dir gelingt, all das ganz spielerisch und freudig umzusetzen, damit es für Dich und all die anderen Menschen in Deiner Umgebung eine neue Lebendigkeit gibt, die Ihr gemeinsam genießen könnt.

Vielleicht ist es für Dich aber auch noch ein bißchen vage oder unklar, wie Du das alles umsetzen kannst und wirst. Und doch spürst Du ganz tief in Dir drin, daß es sich entwickeln wird, daß die Antworten Zeit haben, in Dir zu wachsen und zu reifen, bis es der richtige Zeitpunkt ist. Und dann werden sie da sein. Vielleicht schon heute Nacht in Deinen Träumen oder auch in den nächsten Tagen. Vielleicht wirst Du aber auch irgendwann plötzlich die Fähigkeit haben, etwas anderes zu tun und anders zu handeln, als Du es bisher getan hast, ohne daß Du genau weißt, wie das passiert ist. Und erst dann entdeckst Du, daß Du die Antwort auf Deine Frage ja bereits die ganze Zeit unbemerkt in Dir getragen hast.

Und wie immer auch Deine Erfahrungen mit dieser Antwort sein werden, Du weißt, daß Du auch jederzeit wieder hierher kommen kannst und noch einmal nachfragen kannst, weil dieses Wesen mit liebevoller Geduld immer für Dich da ist. Weil es ein Teil von Dir selbst ist, mit all seiner Weisheit und seinem Wissen über Dich und Deine Fähigkeiten und Werte. Und so bedankst Du Dich bei dem weisen Wesen für alles, was Du erfahren hast und fragst es, was Du von Dir aus nun noch für dieses Wesen tun kannst. Und laß Dir die Antwort dazu schenken – jetzt.

Und was immer es auch ist, worum Dich dieses Wesen gebeten hat, jetzt, Du weißt, daß es aus seiner Weisheit heraus diese Bitte getan hat – und Du versprichst ihm, genau das zu tun, worum es Dich gebeten hat. Und dann, wenn es für Dich der richtige Zeitpunkt ist, bedank Dich bei dem weisen Wesen, daß es Dir ein so liebevoller Begleiter und weiser Berater ist und verabschiede Dich von ihm. Und so gehst Du wieder zurück in Deinen inneren Raum, bleibst noch einen Augenblick, bevor Du dann auch diesen Raum verläßt und Dich auf den Rückweg machst, durch den Gang nach oben. Und mit jedem Schritt nach oben spürst Du, wie Du die Antworten des weisen Wesens mehr und mehr in Dir integrieren kannst, wie es mehr und mehr ein Teil von Dir wird und wie es Dir mehr und mehr deutlich wird, wie Du jetzt weitermachen wirst. Und Du spürst, daß Du all die Kraft und all die Fähigkeiten in Dir trägst, die Du für dieses Tun brauchst. Und mit jedem Schritt weiter nach oben kehren die Erinnerungen an Deinen Alltag zurück und Du entdeckst, wo überall diese Antworten heilende Veränderungen erzeugen werden – ganz von allein, weil Du es fließen und kommen lassen kannst, genau so wie es paßt – für Dich und für die anderen Menschen in Deiner Umgebung.

Und so kommst Du wieder zum Eingang zurück, trittst durch die Tür hinaus und schließt sie wieder hinter Dir zu. Du steigst wieder ein in Dein Boot und läßt Dich von ihm ruhig schaukelnd wieder nach oben tragen, dort zu dem Platz am Ufer, von wo Du zu Deiner Reise gestartet bist.

Und während Du Dein Boot verläßt, spürst Du wieder Deinen Körper hier in diesem Raum und kommst wieder ganz hierher zurück – beschenkt und erfüllt mit wunderbaren Antworten und neuen Zukunftsplänen. Erfüllt mit Liebe, Weisheit und Lebensfreude – und Du spürst diese neue intensive Energie und Kraft in

Deinem Körper, die Dir helfen wird, Deinem Leben neu zu begegnen.

Und dann, wenn es für Dich gut ist, dann streck Dich und dehn Dich, atme noch ein paar Mal tief durch, bevor Du wieder die Augen öffnest und ganz da bist – hier in dieser Welt mit ihren Abenteuern und Herausforderungen. Und wenn Du Lust hast, dann schreib noch auf, was Du an Erfahrungen und Antworten geschenkt bekommen hast – oder vielleicht magst Du es auch zeichnen oder Dich zu einer schönen Musik in dieses neue Gefühl hineinbewegen.

Der Baum der vier Fragen

In dieser Reise nimmst Du Kontakt auf zu Deinem ganz persönlichen Baum, der Dir hilft, Antworten zu finden auf die Frage nach Deinem Lebensauftrag.

Du gehst durch eine Tür hinüber in die andere Welt, in eine Sommerlandschaft, die Du mit allen Sinnen genießt.

Auf einer Anhöhe steht Dein Baum, zu dem Du jetzt gehst, ihn begrüßt und Dich unter ihn setzt – zuerst mit Blick nach Süden, wo Du die Frage stellst: „Was ist meine ganz einzigartige Aufgabe, für die ich in der Welt bin?"

Dann mit Blick nach Westen – mit der Frage: „Wie kann ich meinen Körper dafür in die bestmögliche Form bringen?"

Mit Blick nach Norden stellst Du die Frage: „Wie kann ich die Fähigkeiten meines Geistes, meines Verstandes dafür in die bestmögliche Form bringen?"

Und mit Blick nach Osten fragst Du: „Wie kann ich meine intuitiven und spirituellen Möglichkeiten dafür am besten einsetzen?"

Schließlich setzt Du Dich wieder mit Blick nach Süden und spürst, wie die Antworten auf alle Fragen die Antwort auf die Frage nach Deiner ganz persönlichen Lebensaufgabe noch klarer werden ließen und Du überlegst Dir die nächsten Schritte auf Deinem Weg – vielleicht schon ganz klar und deutlich, vielleicht entsteht die Klarheit auch erst in der Nacht oder Schritt für Schritt in der nächsten Zeit.

Nachdem Du die Kraft und Nähe des Baumes noch einmal in Dir aufgenommen hast, verabschiedest Du Dich von ihm und kommst durch die Tür wieder zurück in diesen Raum.

Der Baum der vier Fragen

Bei dieser Reise nimmst Du Kontakt auf zu Deinem ganz persönlichen Baum, der Dir Antworten geben kann auf Fragen zu Deinem Lebensauftrag. Vielleicht ist Dir dieser Auftrag schon bekannt, dann wirst Du vor allem Antworten erhalten auf die Frage, wie Du diese Lebensaufgabe ausgestalten kannst. Wenn Dein Auftrag Dir noch fremd ist, hast Du die Chance, ihn jetzt kennenzulernen. Diese Trance eignet sich aber auch immer dann, wenn Dir der nächste Schritt Deiner Aufgabe oder die Art, wie Du sie anpacken sollst, unklar ist.

Und so kannst Du es Dir jetzt wieder ganz bequem machen – ein Vorgang, der Dir inzwischen vermutlich schon ganz vertraut ist – und Dich wieder ganz auf das einlassen, was Du erleben wirst.

Während Du so daliegst oder dasitzt und Dich dabei mehr und mehr entspannst, kannst Du jetzt einmal den letzten Tag oder auch die letzten paar Tage in Gedanken vorbeiziehen lassen. Und schau einmal genau, wie es Dir da ergangen ist. Wo Du überall ganz im Einklang mit Dir selbst warst, mit Deinen Bedürfnissen und Wünschen, mit Deinen Fähigkeiten und Werten. Wo es Dir gelungen ist, ganz Du selbst zu sein und auch zu bleiben und wo es Situationen gab, in denen diese innere Harmonie gefehlt hat oder verlorengegangen ist. Wie hast Du es geschafft, ganz bei Dir selbst zu bleiben und ganz Du selbst zu sein und was war es, was Dich daran gehindert oder aus dem inneren Gleichgewicht geworfen hat? Und wie hast Du gespürt oder gewußt, wann Du mit Dir selbst in Einklang bist und wann nicht? Sind es Körpersignale, Gedanken, Worte, Gefühle, die Dir darüber Informationen geben, oder sind es Hinweise von außen?

Und während Du mit jedem Ausatmen mehr und mehr loslassen kannst von all den Kränkungen, Enttäuschungen oder Verletzungen, die Dir jetzt so in Erinnerung gekommen sind, spürst Du, wie mit jedem Einatmen mehr Frieden und innere Harmonie, mehr Ruhe und Liebe in Dich fließen und strömen und Dich immer mehr erfüllen, so daß Du ruhiger und entspannter wirst mit jedem Atemzug. Einatmen – Ruhe, Gelassenheit, Liebe, innerer Frieden. Ausatmen – loslassen, befreien, erleichtern.

Mehr und mehr kommst Du zu Dir – und vielleicht sind schon alle negativen Erinnerungen verschwunden, vielleicht spürst Du es noch mit jedem Atemzug, wie Du ruhiger und ruhiger, friedlicher und stiller wirst und mehr und mehr den Weg zu Deiner eigenen Mitte findest und gehst. Und Du selbst spürst am besten, wie und wann Du ganz dort bist – ganz bei Dir – in Deiner eigenen Mitte. Ruhig und entspannt – nichts zählt mehr von dem, was Dich den ganzen Tag beschäftigt. Einatmen – Ruhe, innere Harmonie. Ausatmen – loslassen, fließen lassen. Nur Du selbst bist jetzt noch wichtig – in diesem Augenblick, an diesem Platz, hier – so ganz bei Dir, in Deiner eigenen Mitte. Du selbst – mit Deinen Werten und Fähigkeiten, mit all Deiner Liebe und Freude, mit all Deiner Stille und Gelassenheit.

Und während Du diese liebevolle Ruhe genießt, taucht vor Dir wieder diese Tür auf – die Tür in Deine andere Welt, in Dein Reich des Unbewußten, wo es so viele Schätze und so viel Weisheit zu entdecken gibt. Und Du öffnest diese Tür und trittst hinaus in eine wunderschöne Sommerlandschaft, mit saftigen Wiesen, grünen Hügeln und bunten Blumen. Der Wind streicht sanft über die Gräser und über Deine Haut, und die Sonne taucht alles in ein wunderbares warmes Licht. Du riechst den Duft der Blüten und die herrlich würzige Sommerluft und atmest ein paar Mal ganz tief durch, um diese wunderbare Energie und dieses Licht ganz in Dich aufzunehmen – bis Du ganz erfüllt bist von all dieser Schönheit und dieser intensiven Präsenz. Und alle Deine Werte sind da in Dir, Du bist ganz Du selbst und spürst den tiefen Frieden, den diese Landschaft und die Natur auf Dich ausübt.

Und während Du noch weiter all das mit allen Sinnen genießt, siehst Du vor Dir eine kleine Anhöhe mit einem wunderschönen alten Laubbaum – dem Baum, von dem Du weißt oder spürst, daß es Dein ganz persönlicher Baum ist. Der Baum, der immer für Dich da ist, wenn Du ihn brauchst. Der Dich stärkt und stützt und Dir neue Kraft und Lebensfreude schenkt, wann immer Du das möchtest.

Und so gehst Du nun zu Deinem Baum, begrüßt ihn ganz liebevoll und auf Deine ganz besondere Art. Vielleicht habt Ihr dafür sogar so etwas wie ein Ritual – vielleicht ist es aber auch ganz einfach eine herzliche Umarmung, mit der Du ganz bei dem Baum und seiner wunderbaren Energie ankommst.

Und während Du Dich, mit dem Blick nach Süden, an seinem Stamm niederläßt und Dich vielleicht sogar an ihn anlehnen magst, um noch mehr von seiner Kraft und liebevollen Nähe zu spüren, stellst Du ihm die Frage des Südens: „Was ist meine ganz einzigartige Aufgabe, für die ich in der Welt bin?" Und laß es kommen, was immer Du jetzt geschenkt bekommst. Vielleicht sind es Worte, vielleicht auch Bilder oder auch ein Gefühl – eine ganz bestimmte Ahnung. Egal was es ist und wie es ist. Du mußt nichts dafür tun, einfach da sein und Dich beschenken lassen – jetzt. Und laß Dir ganz viel Zeit für die Antwort – Du hast drei Minuten – das ist all die Zeit, die Du dafür brauchst, um die Antwort auf Deine Frage zu bekommen: „Was ist meine ganz einzigartige Aufgabe, für die ich in der Welt bin?"

Und dann bedank Dich für alles was Du erfahren hast, steh auf und setze Dich mit Blick nach Westen wieder an den Baum. Und hier bekommst Du alle Antworten auf die Frage: „Wie kann ich meinen Körper dafür in die bestmögliche Form bringen?" Und auch hier hast Du wieder mit drei Minuten all die Zeit, die Du für Dich brauchst.

Und nachdem Du auch diesmal wieder viel erfahren hast, stehst Du auf und setzt Dich diesmal mit Blick nach Norden unter Deinen Baum. Und auch hier hast Du wieder drei Minuten, um alles zu erfahren über die Frage: „Wie kann ich die Fähigkeiten meines Geistes, meines Verstandes dafür in die bestmögliche Form bringen?"

Und so stehst Du wieder auf, erfüllt mit vielen neuen Erfahrungen und setzt Dich nun mit Blick nach Osten noch einmal unter Deinen Baum. Und hier hast Du drei Minuten Zeit, um Antworten zu finden auf die Frage: „Wie kann ich meine intuitiven und spirituellen Möglichkeiten dafür am besten einsetzen?"

Und während Du auch die Antworten dazu noch in Dir nachwirken läßt, stehst Du noch ein letztes Mal auf und setzt Dich wieder mit dem Blick nach Süden. Und schon während Du Dich setzt, spürst Du, wie sich auf ganz einzigartige Weise all die Antworten der vier Himmelsrichtungen in Dir vereinen und verankern. Wie sie Dir tief ins Innere sinken und dort zusammen ein wunderbares Ganzes ergeben: Dich selbst, wie Du gedacht und gewollt bist – so wie Du sein kannst und sein wirst – mit all Deinen Fähigkeiten und Deinem Wissen, mit Deinem gesunden Körper und klaren Verstand – mit all Deinen spirituellen Fähigkeiten und Deinen Werten. Ganz Du selbst. Und Du spürst, wie die Antworten auf die Frage nach Deiner Aufgabe in dieser Welt noch auf wunderbare Weise bestärkt und bekräftigt wurden, durch all die anderen Antworten, die Du in den anderen Himmelsrichtungen bekommen hast, so daß Du ganz leicht und spielerisch und ganz voll Freude losgehen kannst auf Deinen Weg und zu Deiner ganz persönlichen Aufgabe. Und vielleicht ist es Dir sogar so, als ob all die Menschen in Deiner Umgebung schon immer darauf gewartet haben, daß Du losgehst, um das zu tun, was Deine Bestimmung ist. Und vielleicht spürst Du auch all die Kraft und Energie, all die Fähigkeiten und die Lebensfreude, die da in Dir sind, jetzt, wo Du Dich entschieden hast, ganz Deinen Weg zu gehen, Dich ganz Deiner Aufgabe zu widmen. Wie all das ganz intensiv in Einklang mit Deinen innersten Bedürfnissen und Wünschen steht und wie es Dir mit spielerischer Leichtigkeit gelingen kann und wird, ganz Du selbst zu sein und ganz mit Dir und den anderen in Resonanz zu sein.

Und vielleicht weißt Du schon ganz genau, was Du jetzt gleich als nächstes tun wirst, um mit Deiner Aufgabe zu beginnen – vielleicht beginnt all das in Dir aber auch erst langsam zu erwachen. Als kleine Ahnung zuerst und dann immer stärker und deutlicher – vielleicht heute Nacht in Deinen Träumen, vielleicht in den nächsten Tagen oder sogar Wochen. Du weißt, daß es kommen wird und kannst ganz gelassen erwarten, bis Du soweit bist. So viele Jahre hast Du anders gedacht oder gehandelt und bist es noch so gewöhnt – und gerade deshalb darfst Du ganz liebevoll und geduldig mit Dir selbst sein – bis Du die Antwort ganz in Dir gefunden und angenommen hast, was Deine ganz besondere Aufgabe ist. Und mit den anderen zusammen kannst Du Dich freuen, über jeden neuen Schritt auf diesem Weg – wie bedeutsam oder wie klein er Dir auch scheinen mag. Du hast Deinen Weg gefunden und wirst ihn gehen – das allein ist wichtig und schön. Und Du kannst es genießen und Dich über Deine Fortschritte freuen.

Und während Du Dir so vorstellst, wie das alles sein wird, spürst Du noch einmal ganz deutlich und bewußt all die Kraft und die Weisheit Deines Baumes, die er Dir während der ganzen Zeit geschenkt hat. Und Du spürst die liebevolle Geborgenheit in seiner Nähe und die Freude, mit der er Dich erfüllt. Und so kannst Du nun auch dem Baum dafür danken, daß er für Dich da ist und ihm versprechen, daß Du seine Nähe immer suchen wirst, wenn Du Fragen hast, oder nicht mehr weiter weißt. Oder ganz einfach dann, wenn Du Kraft bei ihm tanken möchtest. Und Du kannst ihn auch immer wieder besuchen, wenn es für Dich bei Deiner Aufgabe neue Fragen gibt, denn Du weißt sicher, daß er Dir auch dann immer wieder nahe sein wird, damit Du die Antworten auf ganz wunderbare Weise in Dir selbst entdecken kannst.

Und während Du noch all die Kraft in Dir spürst und die Freude über Deinen neuen Weg, stehst Du auf, bedankst Dich bei dem Baum und verabschiedest Dich wieder von ihm. Und langsam und in Deinem Tempo kehrst Du wieder zurück zu der Tür, durch die Du gekommen bist, kommst hierher zurück in diesen Raum und schließt die Tür wieder hinter Dir, so daß Du wieder ganz hier bist – in diesem Raum, bei Deinem Körper und all dem, was Dich umgibt. Und doch spürst Du diese neue Lebensqualität in Dir, dieses wunderbare Wissen um Deine Bestimmung und die Freude darauf, ganz in Resonanz mit Dir und den anderen zu leben. Und dann, wenn es für Dich gut ist, streck Dich und dehn Dich noch ein paar Mal und atme noch einmal ganz tief durch, bevor Du dann die Augen öffnest und wieder ganz hier bist. Und wenn Du Lust dazu hast, dann schreib Dir all das auf – oder zeichne, was Du erfahren hast. Vielleicht hast Du aber auch Lust, Dich mit Musik in dieses intensive neue Gefühl hineinzutanzen, bis es ganz in Deinem Körper aufgenommen ist. Oder vielleicht möchtest Du Dir jetzt auch Zeit nehmen, für einen Spaziergang in der Natur, die Dir ein Symbol für Deine Lebensaufgabe schenken wird.

Neue Rollenbilder finden

Die fünf Rollen

Für neue Regeln in unseren Beziehungen brauchen wir klare Vorstellungen, über unsere Rollen, die wir haben, und wir brauchen klare Trennungen zwischen den einzelnen Verhaltenselementen.

Dazu schauen wir uns die folgenden fünf Ebenen an:
- die Person als Individuum,
- das Element Mann/Frau,
- die Hierarchie-Ebene,
- das Miteinander-Spielen
- und die Ebene Umwelt/Umfeld.

Jede einzelne wird nun genauer angeschaut, nachdem Du über die Schwelle gegangen bist in die andere Welt:

Das Individuum: Was heißt es für Dich, in einer Beziehung frei zu sein? Wie erlebst Du Deine Individualität? Und Du schaust Dir an, was Dir dazu einfällt, was es für Dich heißt. Anschließend schaust Du Dir Dein Verhalten an und wie Du Dich selbst als Individuum erlebst.

Mann/Frau: Was heißt das für Dich? Wie schauen die Männer und Frauen der Zukunft aus? Und dann schau Dir auch da Dein Verhalten an – wie lebst Du Deine Rolle als Mann oder Frau im Alltag?

Hierarchie: Mutter oder Vater sein heißt, voll die Verantwortung für jemanden oder etwas zu übernehmen – beruflich oder privat. Wie gehst Du mit dieser Rolle um und was fällt Dir dazu ein? Und welches Verhalten im Alltag kennst Du da von Dir?

Hierarchie heißt aber auch, bedürftig wie ein Kind sein zu dürfen. Wie geht es Dir damit – darfst Du es offen ausleben oder versteckst Du es hinter verschlüsselten Botschaften? Wie sieht Dein Verhalten da aus?

Miteinander Spielen: Sich gegenseitig den Ball zuwerfen, im Team zu arbeiten, miteinander arbeiten – alle gleich. Was fällt Dir dazu ein und wie lebst Du diese Rolle im Alltag?

Umfeld: Wie ist Deine Beziehung zu Nachbarn, Freunden und Kollegen? Wie wichtig ist es für Dich und wieviel Zeit nimmst Du Dir dafür – und wie ist Dein Verhalten in dieser Rolle?

Und dann bittest Du um den inneren Teil von Dir, den Koordinator oder inneren Manager, daß er Dir hilft, die verschiedenen Ebenen miteinander zu koordinieren, so daß jede Ebene weiß, was ihre Rolle ist und diese übernimmt, wenn es gerade paßt, und daß die Ebenen untereinander nicht konkurrieren, sondern daß mal mehr die eine und dann wieder die andere dran ist – so daß Deine Beziehungen harmonischer und balancierter werden.

Und daß dieser Koordinator wie der Dirigent Deines inneren Orchesters arbeitet und jedesmal die Intensität der Ebenen neu festgelegt wird, wenn die Beziehung sich ändert – so wie bei einem Paar, das erst allein lebt, dann mit Kleinkindern, dann mit Teenagern und dann wieder allein – mit Kindern, die das Haus verlassen haben. Und immer wieder muß die Balance der Ebenen neu eingestellt werden, damit es stimmt.

Und dann laß Dir noch Zeit, dieses Spiel der Ebenen und diese innere Balance zu erleben und komm dann wieder über die Schwelle zurück in diesen Raum.

Neue Rollenbilder finden

Die fünf Rollen

In unserer heutigen Zeit ist vieles im Umbruch. Alte Regeln und alte Werte zerfallen und neue sind noch nicht da. Über Jahrhunderte haben die Männer in den Familien ihre Werte gelebt und die anderen sich mit eingegliedert. Es ging in der ganzen Geschichte entweder um Matriarchat oder Patriarchat. Erstmalig werden die Werte von Männern und Frauen gleichwertig behandelt – sind gleich wichtig. Und obwohl wir das wissen, fällt es uns schwer, danach zu leben – immer noch kommen wir leicht in „richtig“ und „falsch“ hinein – in „besser“ und „schlechter“. Im folgenden werden fünf Elemente dargestellt und aufgezeigt – und es scheint, daß wenn diese fünf Elemente in einer Beziehung klar getrennt gelebt werden, daß diejenigen in den Beziehungen dann das Gefühl haben, daß die Beziehung ganz ist und befriedigend. Harmonisch und balanciert. Es hängt davon ab, wie genau die verschiedenen Elemente oder Ebenen klar erkannt werden und klar in Verhalten umgesetzt werden, so daß Mischungen und Durcheinander nicht mehr da sind. Und wir werden diese Ebenen einzeln durchgehen in den folgenden Schritten. So, daß zuerst eine Vorstellung von der einzelnen Ebene kommt und dann das jeweilige Verhalten dazu gefunden wird. Diese fünf Elemente oder fünf Ebenen sind folgende:

Erst einmal die Person selbst als Individuum. Daß wir das Gefühl haben, in einer Beziehung unseren Platz zu haben – und Zeit für uns zu haben.

Das zweite Element ist Mann / Frau. Daß wir uns vorstellen, daß das Flirten, das zu Beginn einer jeden Beziehung da ist, zu Liebe wird. Wie viele Scheidungen gäbe es dann noch?

Und die dritte Ebene ist die Hierarchie – was heißt es, Vater und Mutter sein – und gleichzeitig auch, was es heißt bedürftig zu sein.

Die vierte Ebene ist: miteinander spielen. Wenn keine Hierarchie da ist – wenn alle gleichwertig sind.

Und die fünfte Ebene ist die Beziehung zwischen dem einzelnen und seinem Umfeld rundherum.

Und wir gehen die einzelnen Ebenen jetzt durch und beginnen mit dem Individuum. Du kannst es Dir dazu ganz bequem machen, ganz nach innen gehen mit Deiner Aufmerksamkeit. Und mit jedem Atemzug läßt Du ein bißchen mehr los, so daß es Dir leichter und leichter fällt, Deine inneren Träume und Vorstellungen kommen zu lassen, die Du jetzt brauchst, um das zu finden, was für Dich eine ganzheitliche Beziehung ist, was notwendig ist, so daß Du das Gefühl hast, Du fühlst Dich wohl in den Beziehungen die Du hast. Und Du kannst jetzt für Dich entscheiden, ob Du eine private Beziehung nimmst oder eine berufliche. In allen Beziehungen sollten diese fünf Ebenen klar getrennt möglich sein.

Und während Du ein- und ausatmest, kannst Du alles ziehen lassen, was Du jetzt nicht brauchst. Und Dich mitnehmen lassen in Deine Traumwelt – als ob Du über eine Schwelle gehst und Dich treiben läßt in diesen großen Ozean, wo alles möglich ist – ein Ozean von Licht und Farben und von wunderbaren Tönen und Klängen und Gerüchen. Und alles, was Dich einschränkt und belastet, das läßt Du zurück – und wirst leichter und freier – mehr und mehr – in diesem großen Ozean von Freiheit und Licht und Farben.

Und Du kannst es finden, was es für Dich heißt, in einer Beziehung frei zu sein. Was es heißt, in einer Beziehung Deinen Platz und Raum zu haben. Was es heißt, in der Beziehung ganz Du sein zu können und mit anderen in Kontakt. Und es scheint nicht so zu sein, daß Du viel Zeit für Dich brauchst, sondern daß es mehr die Qualität und nicht die Quantität ist. Und laß Dir jetzt zeigen, was Dir in den Sinn kommt. Und wenn Du Lust hast, kannst Du Dir jetzt auch Zeit nehmen, um zu zeichnen, was Dir dazu einfällt.

Egal ob es etwas ganz Abstraktes ist, oder etwas ganz Spezifisches. Vielleicht kommt Dir ein Bild oder auch ein Ton dazu – eine bestimmte Musik. Vielleicht auch ein bestimmter Rhythmus. Vielleicht kommt auch alles gemeinsam und kombiniert – und mehr und mehr kannst Du das jetzt kommen lassen oder später, wenn es dazu Zeit ist. Und Du bekommst mit allen fünf Sinnen Antworten und findest einen bestimmten Ton und eine bestimmte Bewegung, die zu dieser Ebene gehört – ein bestimmter Geruch und Geschmack und eine bestimmte Farbe.

Und dann kannst Du Dir schenken lassen, wie diese Ebene in Deinem täglichen Leben im Verhalten ausschaut. Was Du tatsächlich tust, wenn Du für Dich das Gefühl hast, Du hast Deinen Platz in einer Beziehung. Was genau ist das? Und indem Du jetzt fragst, wird es Dir zwischendurch in den nächsten Tagen und Wochen klarer und bewußter werden. Und immer wieder kannst Du Dir das bewußt machen und Dir neue Visionen und Vorstellungen schenken lassen – und dann die Frage stellen, wie Du das noch verbessern kannst, jetzt in Deinem täglichen Leben. Und wann immer Du dafür mehr Zeit brauchst, kannst Du sie Dir nehmen, um jede Ebene und alle Elemente einzeln kommen zu lassen und nicht alle auf einmal.

Die zweite Ebene ist Mann und Frau. Und wieder fragst Du, wie Du das lebst und läßt es vor Deinem inneren Auge kommen, was das ist – was für Farben und was für Bewegungen, was fällt Dir ein zu Mann und Frau? Wie schauen die Männer und Frauen der Zukunft aus und was tun sie miteinander? Wie kann es möglich sein, daß diese Intensität, die beim ersten Kennenlernen meist da ist, erhalten bleibt? Und wieder ist auch hier nicht nur die Quantität, sondern auch die Qualität entscheidend. Und laß das Bild in Dir kommen – und wenn Du magst, nimm Dir wieder Zeit zum Malen, was Dir einfällt.

Und dann laß Dir dazu Verhalten zeigen, in Deinem täglichen Leben, wo Du es schon lebst – wo es schon da ist, auch wenn es nur kurz da ist und wo Du es gerne mehr und mehr möchtest. Vielleicht wird Dir auch im täglichen Leben bewußter und bewußter, was Dir alles auffällt bei anderen – daß es sich langsam zusammenfügt, wie ein Puzzle – all das, was es für Dich heißt: Mann sein und Frau sein. Und wie das Miteinander, das neue, ausschauen kann. Wo Streit in diesem Sinn nicht nötig ist, wo es um besser und schlechter geht. Und wie konstruktiv auch Streit sein kann, in dem andere Meinungen Bereicherungen sind.

Und dann wendest Du Dich der nächsten Ebene zu – der Hierarchie. Mütter und Väter – sowohl in privaten, wie auch in Arbeitsbeziehungen. Sie ist immer dann da, wenn jemand voll die Verantwortung übernimmt. Mütter und Väter setzen den Rahmen, in dem sich die Kinder frei entwickeln können. Wenn sie den Rahmen nicht setzen, ist das für die Kinder eine große Überforderung. Führungskräfte setzen den Rahmen, innerhalb dessen jeder kreativ frei gestalten kann. Auch hier laß wieder kommen, was Dir dazu einfällt – ganz plötzlich und ganz spontan. Was Dir einfällt zu diesem Thema – und auch hier kannst Du wieder zeichnen, was Dir kommt, jetzt, und wieder weitermachen, wenn Du so weit bist.

Und dann laß kommen, welches Verhalten Dir dazu einfällt. Was tun Väter und Mütter der Zukunft? Wie bewegen sie sich, wie sprechen sie miteinander? Lachen sie? Auf welche Art können sie die Leichtigkeit auch in ihrer Verantwortung leben und Raum schaffen für andere, in dem diese sich frei entwickeln und gestalten können? Und auch hier wieder nimmst Du mehr und mehr jeden Tag bewußt wahr, was es für Dich heißt und wo Du mit Freude und Leichtigkeit Verantwortung übernehmen willst und wo nicht.

Und wo Du Dich gern in die andere Ebene begibst – in die des bedürftigen Kindes, das annimmt und sich führen läßt. Auch das gehört zu dieser Ebene der Hierarchie. Bedürftiges Kind sein heißt, daß Eltern da sein müssen – irgend jemand, der für Dich das tut, was Du brauchst. Es kann sein, daß Du versorgt wirst, weil es Dir schlecht geht, oder daß Du Dir einfach holst, was Du brauchst. Kinder holen es sich – irgendwo. Wenn Du, wie ein Kind, gestreichelt werden willst oder Dir auf irgendeine Weise Anerkennung holst. Bedürftig sein können – auch als Erwachsene. Meist machen wir das nur versteckt. Daß es Dir in Zukunft auch offen und klar möglich ist – wenn es uns schlecht geht und wir am Abend müde heimkommen, entdecken wir meistens alles, was nicht gemacht ist. Was immer und nie so ist, was immer so bleiben wird – und meckern und nörgeln und klagen. Und das soll übersetzt heißen: „Ich brauch was, nimm mich in den Arm." Und diese Rechnung geht nicht auf.

Laß Dir jetzt kommen, was es heißt, auch als Erwachsener bedürftig sein zu dürfen, annehmen zu dürfen. Adäquat darum zu bitten und sich das zu holen. Und laß es kommen, was Dir dazu einfällt – jetzt. Welche Farben und welcher Rhythmus gehören dazu, welches

Symbol? Welche Analogien fallen Dir dazu ein. Und erst wenn Du das hast, laß Dir zeigen, wie das Verhalten dazu ist. Wie Du im täglichen Leben ganz klar getrennt einmal Verantwortung übernimmst, als Mutter und Vater, und mal ganz bedürftig sein kannst – offen und klar. Und vielleicht lernst Du es in den folgenden Tagen und Wochen von Kindern, die das wunderbar können – oder von anderen Erwachsenen, indem Du die Aufmerksamkeit darauf richtest und auf die Suche gehst.

Die nächste Ebene ist das „miteinander spielen". Das Miteinander, das frei hin und her fließt – fast wie beim Ballspiel. Ihr werft den Ball einander zu und wieder zurück und woanders hin. Das „miteinander spielen" heißt auch neugierig sein, entdecken wollen. Immer Neues finden, immer Neues gestalten – miteinander. Verbindungen wahrnehmen. Und laß kommen, was Dir dazu einfällt – jetzt. Und wieder kannst Du Dir Zeit nehmen zum Zeichnen und erst dann weitermachen, wenn Du Deine Vorstellung und Dein Bild bekommen hast. Und dann laß Dir wieder zeigen, wie diese Ebene jetzt in Deinem täglichen Leben schon von Dir verwirklicht wird und gelebt wird. Wo kannst Du diese Neugierde schon voll leben, wo fällt es Dir schwer und wo ist es Dir unmöglich?

Und dann wenden wir uns der letzten Ebene zu – Beziehung und Umfeld. Dort, wo Du wohnst und lebst. In der Nachbarschaft. Wie ist Deine Beziehung da? Wie ist Deine Beziehung zu Freunden und Kollegen? Möchtest Du viel und gerne zu Hause sein, oder gern mit anderen? Möchtest Du lieber mit anderen weggehen, oder lieber Dein Nest genießen, Dein Zuhause? Und Untersuchungen zeigen, daß Kinder, die viel zu Nachbarn und anderen laufen können, wenn sie zu Hause Spannungen haben, frei sind, daß die besser sind – auch in der Schule. Und daß sie mit dem Sozialverhalten besser zurechtkommen als andere. Hier ist auch diese Ebene, die wieder dieses Bild von der alten Dorflinde und dem alten Dorfplatz kommen läßt, wo das Miteinander möglich ist und wo sich alle treffen und alle einen Wunsch haben: daß der Platz an dem sie wohnen gesund bleibt. Und laß es kommen, was das für Dich heißt. Wie willst Du mit Deinem Umfeld leben, in dem Du jetzt bist? Und wie willst Du es mitgestalten? Welche Freunde und welche Bekannten willst Du haben? Welche Beziehungen willst Du mehr ausbauen, welche Aktivitäten willst Du mitmachen? Und auch hier kannst Du Dir wieder ganz viel Zeit nehmen und es in Dir entstehen lassen. Erst die Vorstellung und dann die Verhaltensweisen dazu.

Und dann bittest Du um den inneren Teil von Dir, den inneren Manager oder Koordinator, der Dir helfen kann, diese verschiedenen Ebenen in Dir zu koordinieren, so daß jede einzelne Ebene ihren Platz kriegt und sie nicht miteinander streiten müssen und sich gegenseitig stören. So daß jede einzelne Ebene weiß, daß sie ihren Platz hat und zurücktritt, wenn jeweils die Aufmerksamkeit auf der anderen Ebene ist. Und dann laß Dir jetzt schenken, wer für Dich der Koordinator, der Dirigent Deines inneren Orchesters sein möchte, der die verschiedenen Elemente koordiniert und ausbaut und einzeln lebendig werden läßt – sowohl in Deiner Vorstellung, als auch in Deinem täglichen Leben.

Und dann fragst Du den Koordinator jetzt, ob er bereit ist, das für Dich zu tun. Und wenn Du Lust hast, dann laß Dir zeigen, wie dieser Koordinator ausschaut und spür auch, wie er sich anfühlt. So daß Du es spürst und erkennst, wenn er da ist, wenn dieser Teil in Dir die Aufmerksamkeit hat. Und wie er mithelfen kann, jede Beziehung, die Dir wichtig ist, zu gestalten, indem diese fünf Ebenen klar getrennt ihren Platz bekommen und Du immer weniger das Gefühl hast, daß etwas fehlt. Und daß die Beziehungen harmonischer und balancierter werden.

Und es kann sein, daß in einer Beziehung eine Ebene mehr Platz hat und in einer anderen Beziehung mehr eine andere. Und das ist gut so. Dein innerer Koordinator, der Dirigent Deines inneren Orchesters, wird das Richtige für Dich tun.

Und Du kannst diesen Text zu Hilfe nehmen, immer dann, wenn Du eine Beziehung genauer kennenlernen willst und genauer betrachten willst, oder wenn Du sie immer wieder aufs Neue gestalten mußt, weil diese Ebenen sich immer wieder verschieben und verändern. Wenn kleine Kinder da sind, werden die Ebenen anders verteilt sein, andere Aufmerksamkeit bekommen, als wenn die Kinder groß sind und aus dem Haus sind. Und es wird wieder anders sein, wenn Kinder Teenager sind oder wenn keine Kinder da sind und das Paar miteinander allein lebt. Immer wieder ist es notwendig, diese Ebenen neu zu betrachten und neu zu gestalten. Ein dauernder Prozeß.

Und Du kannst Dir jetzt noch Zeit nehmen, solange Du brauchst oder zurückkommen in den Raum, in dem Du bist. Du streckst und dehnst Dich und machst alles Mögliche, was Dir einfällt. Und wenn Du Dir nur eine Ebene bewußt gemacht hast, dann finde die Bewegung dazu – oder tanze dieses Miteinander. Und sei neugierig, wie sich diese einzelnen Elemente mehr und mehr in Deinem täglichen Leben bewußt machen und Du Dich selber überraschst, wie Du auf neue Art mit anderen in Beziehung trittst.

Der Koordinator

Die Integration der fünf Rollen in den Alltag

Der Koordinator hilft Dir, die fünf Ebenen oder Verhaltenselemente untereinander in der bestmöglichen Form zu koordinieren.

Als erstes spürst Du einmal ganz genau hin, wer Du bist – welche Rolle Du spielst, wie Du als Individuum bist und wie Dir der Wechsel der Rollen gelingt.

Und wie frei Du in Deinen Entscheidungen bist – beruflich und privat.

Während Du mit dem Koordinator in Verbindung gehst, läßt Du Dir ein Signal schenken, das Du Dir für die Zukunft merkst.

Und Du fragst ihn, ob er bereit ist, für Dich innerlich die fünf Ebenen zu strukturieren und zu organisieren.

Die Ebenen sind: Du als Individuum, als Mann oder Frau, in der Hierarchie – wenn Du Verantwortung übernimmst oder Dich wie ein Kind in die Verantwortung anderer begibst – Du auf der gleichen Ebene mit anderen im Spiel und Du in Deinem Umfeld – beruflich und privat, mit Freunden.

Und wenn der Koordinator alle Teile verstanden hat – Du kannst Dir dafür ein Signal geben lassen – dann bitte ihn, Dir zu helfen, daß Du alle diese Ebenen leben kannst – jede einzelne ganz bewußt und gleichwertig – mal mehr die eine und dann wieder die andere – und daß Du dabei auch Deine Werte leben kannst.

Und daß er Dir hilft, daß das unbewußt passieren kann und doch immer genau die Ebenen da sind, die gerade richtig sind – mit allen Deinen Werten – und wenn der Koordinator bereit ist, das zu tun, dann laß Dir wieder ein Signal schenken.

Und wenn Du Dir eine bestimmte Situation angeschaut hast, dann überprüfe, ob Du jetzt mit Hilfe des Koordinators diese Situation besser lösen kannst – und wenn noch etwas fehlt an Werten, dann gib sie jetzt noch dazu, bis es für Dich stimmt.

Und Du siehst Dich in einer Landschaft und Dir wird bewußt, daß es gut ist, wenn Du bist, was Du sein sollst – so wie eine Birke eine Birke ist und keine halbe Lärche oder dreiviertel Kiefer. Und auch Du bist gut, so wie Du bist, und kannst damit harmonisch und gesund leben.

Und Du spürst, wie gut es ist, dieses Wunderbare mal allein und mal mit anderen zu erleben. Und Deine Helfer entscheiden für Dich, wie sicher es für Dich ist, in einer bestimmten Situation loszulassen und wann es besser ist, geschützt zu bleiben.

Dann komm zurück in den Raum und laß alles noch nachklingen – im Liegen oder bei einem Spaziergang.

Der Koordinator

Die Integration der fünf Rollen in den Alltag

Bevor wir beginnen, mach es Dir erst einmal ganz bequem – und spür, wie gut und leicht Dein Körper ganz von selbst eine Position findet, in der Du loslassen kannst, in der Du Dich ganz tief entspannen kannst und in der Du mit jedem Atemzug alle Deine Muskeln noch mehr loslassen kannst. Mach Dir einmal genau die Stellen bewußt, die Du so gerne anspannst und spür jetzt, wie jede dieser Stellen nur durch Deine liebevolle Aufmerksamkeit und das bewußte tiefe dorthin-Atmen ganz leicht wird, ganz entspannt und frei.

Und dann hol mal ganz tief Luft – und laß dabei Deine Erinnerungen kommen, an das, was Du in der letzten Zeit, in den letzten Tagen geschenkt bekommen hast und wo Du Dich beschenken hast lassen.

Und wieviel davon mußt Du jetzt wieder zurückgeben – und wem eigentlich mußt Du es zurückgeben? Überleg einmal. Da in Dir – wem mußt Du etwas zurückgeben, wenn Du so viel angenommen hast? Wie vertraut ist Dir dieses Muster? Wann und wo hast Du das laufen?

Wie wäre es, wenn Du es der Erde zurückgibst – jetzt? Einfach verschenken – und je mehr Du verschenkst, um so mehr kannst Du aufnehmen. Nimm es auf und laß es durch Dein Herzchakra verströmen. Zurück zur Erde, zurück zum Kosmos. Ganz tief Luft holen – einmal für den Körper – ganz tief. Und beim Ausatmen loslassen. Du bestimmst, wieviel Du losläßt und soviel wirst Du jetzt bekommen und finden. Einmal tief Luft holen für Deinen Geist oder Verstand – ganz tief, was immer das ist und einmal tief Luft holen für Deine Seele und loslassen. Und noch einmal mehr loslassen. Spür noch einmal die Bewegung von vorhin nach. Alles Du und doch ein Unterschied. Und laß Dir die Unterschiede ein bißchen schenken. Alles Du und doch so anders. Und wie viele Möglichkeiten hast Du? Was bist eigentlich Du? Was ist eigentlich Dein Individuum, Deine Persönlichkeit? Welche Rolle bist eigentlich Du? Oder ist es gerade diese Vielfalt, die Deine Person ausmacht?

Dieser Wechsel – einmal so sein zu können und einmal so und noch einmal anders. Und Du kannst wechseln und Du kannst entscheiden. Kritisch wird es nur, wenn Du nicht selbst entscheidest und das Gefühl hast, andere zwingen Dich, gewisse Sachen zu spielen. Dann wird es ungesund. Aber wenn Du es selbst entscheidest, dann ist alles in Ordnung. Auch auf was Du alles verzichtest, weil Dir das Zusammensein mit einer anderen Person wichtiger ist. Nicht weil die andere Person Dich zwingt, sondern weil Du entscheidest. Dann ist es Dir wichtiger, daß Du nicht allein bist, sondern mit jemandem zusammen. Dann kannst Du auf Verschiedenes verzichten, obwohl es Deinem Gefühl entsprechen würde – jetzt.

Auch bei der Arbeit. Bei jeder Arbeit gibt es auch das Negative, die Dreckarbeit zu machen. Was willst Du damit tun? Darüber jammern oder einfach sagen, das gehört dazu? Oder sagen, dafür darf ich auch all das andere tun, was mir Spaß macht? Auch wenn Du noch studierst – was ist es, was Dir Spaß macht bei der Arbeit? Warum hast Du diese gewählt? Es hat Dich niemand gezwungen. Du kannst wechseln, Du wählst.

Und Du wählst auch, gesund zu sein oder krank zu sein. Und spür das jetzt – stimmt das oder nicht? Du kannst auch Deinen Körper nochmal gedanklich durchgehen, als ob Deine Hände drübergehen. Stell Dir vor, Deine Hände streifen über Deinen Körper. Wo ist überall Licht und wo sind dunkle Stellen? Und laß überall Licht hereinkommen, Wärme, Töne, Klänge – was immer da ist. Überprüf mal Deinen Koordinator – der soll das für Dich tun, mal den Körper durchgehen und schauen, ob er ganz durchlässig ist, voll Licht, voller Töne, was immer die Spezialität von Deinem Koordinator ist. Der liebt ein System besonders, entweder das auditive, das visuelle, den Geruchssinn oder den Geschmackssinn oder das Gefühl – und mit dem überprüft er Deinen Körper und dort gleicht er aus – jetzt. Er hat die Quelle als Hilfe und läßt es reinfließen und ausgleichen und überprüft ihn gleich, ob er gut genug ist für Dich und wie die Zusammenarbeit mit ihm in Zukunft aussieht.

Und laß die Lichtdusche um Dich kommen und den Regenbogen Dich umhüllen. Eine Lichtdusche in weißem Licht, in dem alle anderen Farben enthalten sind, alle Möglichkeiten – laß Dich einhüllen, ganz von allein.

Und dann bitte einmal Deinen Koordinator, ob er jetzt mit Dir in Kontakt tritt und laß Dir ein Signal geben. Und dieses Signal merkst Du Dir auch gut für die Zukunft. Bitte ihn, ob er jetzt mit Dir in Kontakt tritt und laß Dir das Signal schenken. Er oder sie darf wählen – ich werde der Einfachheit halber immer „er" sagen, aber es kann genauso gut eine „sie" sein.

Und wenn Du noch kein Signal hast, dann frage ihn nochmal, Deinen Koordinator, ob er mit Dir in Kontakt treten möchte – und es muß ehrlich sein. Wenn er das Gefühl hat, Du willst nicht ehrlich mit ihm zusammenarbeiten, dann bekommst Du kein Signal. Wenn er das Gefühl hat, Du willst wirklich echt mit ihm zusammenarbeiten, dann wird er kommen. Und wenn Du dann ein Signal hast, bedanke Dich, daß er Dir helfen wird, der Koordinator. Und das Signal, das Du jetzt hast, hast Du auch für den Alltag. Und jetzt frage den Koordinator, ob er bereit ist, für Dich innerlich zu organisieren, zu strukturieren – diese verschiedenen Ebenen und verschiedenen Kontexte, die dazugehören – mit wem, wann und wo.

Und wir geben die Ebenen vor: für Dich allein, Zeit als Individuum. Du als Mann oder Frau – bei der Arbeit und privat. Deine Rolle in der Hierarchie, als Vater oder Mutter, wenn Du Verantwortung übernimmst für andere – andere aber auch schaukelst – ob jetzt real oder nur gedanklich. Und dann aber auch Kind sein dürfen – auch bei der Arbeit und privat – beides. Und als nächstes die Ebene, wo alle gleichberechtigt sind, wo Spielen da ist, wo Freude da ist und Spaß da ist – alle gleich und gemeinsam, ob das bei der Arbeit im Team ist oder einfach zu Hause – Party, Tanzen, Freude, Feiern, was auch immer. Und die letzte Ebene: zu Hause sein, oder mit Freunden oder mit Freund oder Freundin weggehen oder Freunde einladen.

Und frage jetzt einmal den Koordinator, ob er diese fünf Ebenen verstanden hat. Und laß Dir als Antwort wieder das Signal geben, wenn es so ist. Und wenn Du noch kein Signal hast, dann bedank Dich erst einmal, daß Du einen Helfer hast, der auf Dich aufpaßt und versichere Deinem ganzen Unterbewußtsein, dem Koordinator, daß alle Ebenen wichtig sind, alle Teile verantwortlich sind, daß Du diese Ebenen leben kannst – mit allen Deinen Werten, die Du gefunden hast: Freude, Respekt, Liebe und was immer das noch ist. Daß alle diese Werte mit drinnen sind. Und frag dann den Koordinator, ob er jetzt bereit ist – mit all dem, was Du weißt. Er kann auch Helfer aus Deiner Kindheit holen. Es sind oft welche da – die warten irgendwo, in einer Schublade oder sonstwo. Und ob er bereit ist, in verschiedenen Situationen – und das sind verschiedene in diesen Ebenen – diese zu gestalten. Und Du gibst Anweisung: mit welchem Filter, mit welcher Maske willst Du in diesen Kontext gehen? Das soll er herausfinden. Willst Du in verschiedene Situationen gehen und schon sauer sein, weil Du eh schon weißt, was da wieder passiert, oder willst Du mit einer Maske kommen und sagen: „Diesmal werden wir gemeinsam Spaß haben – auch wenn wir etwas Kritisches diskutieren müssen, überlegen müssen und Schwierigkeiten gemeinsam lösen müssen." Aber dann wird die Freude, der Respekt mit dabei sein. Dein Wert, das ist Dein Filter, mit dem Du in die Aufgabe kommst, der Kontext – und dann das tatsächliche Verhalten dazu. Was Du dann tun willst, wie Du dann sein willst, der innere Zustand den Du brauchst, der geht dann mit dem Filter Hand in Hand. Und daß der Koordinator für diese verschiedenen Ebenen verschiedene Situationen für Dich findet und sie klärt – von der Zeit her, und vom Inhalt, vom Verhalten, vom Filter, von der Aufgabe her – ob er bereit ist, das für Dich zu tun. Und laß Dir wieder ein Signal geben.

Und ich wiederhole noch einmal: ob der Koordinator bereit ist, zu diesen fünf verschiedenen Ebenen verschiedene Situationen – sowohl privat, wie auch bei der Arbeit – genau zu definieren, so daß sie unbewußt ablaufen, wie bisher auch vieles andere unbewußt und natürlich läuft, ohne daß Du denkst. Und dann soll er darauf achten, mit welchem Filter, mit welcher Maske, mit welchem inneren Zustand Du in die Situation gehst und was Du dort machst. Und welche Hilfen Du eventuell brauchst von anderen Teilen, von anderen Gebieten. Es geht alles ineinander und trotzdem soll es klar sein, daß jeder einzelne Teil und jede Ebene weiß, daß sie ihren

Platz kriegt. Und daß sie aufhören können zu streiten, daß sie sich miteinander arrangieren können, so daß es jedem gut geht. Daß jeder den höchsten Wert mit sich hat – Ruhe, Freude, Liebe. Und wenn der Koordinator bereit ist, das zu tun, dann laß Dir ein Signal schenken.

Und auch alle Bedürfnisse, die Du hast, sind in Ordnung. Und daß Du sie leben kannst, Deine Bedürfnisse, in einer bestimmten Situation. Je nachdem wie die Situation ist, entsprechend allein oder mit anderen. Und wenn Du noch kein Signal hast, daß der Koordinator dazu bereit ist, dann gib noch einmal die Anweisung. Das ist der Tanz vom Bewußtsein und Unbewußtsein – und Du gibst die Anweisung und das Unbewußte führt es aus, und häufig geben wir die Anweisung und wir wissen gar nicht, daß wir sie geben. Bedank Dich bei Deinem Koordinator, bei allen inneren Helfern und Teilen und spür die Erleichterung, daß die Teile nicht mehr streiten müssen. Und daß bestimmte Bedürfnisse und Gefühle, die wir geholt haben, gesucht haben, daß die da sind.

Und geh jetzt einmal zu einer Situation hin, wo Du meinst, daß es bisher noch nicht richtig geht. Schau sie einmal an. Wie geht es Dir und den anderen da? Was braucht ihr noch? Und wenn da noch etwas ist, sag es dem Koordinator. Mach das jetzt ganz für Dich, damit es für Dich auch im Alltag möglich ist, daß in dieser Situation der Koordinator kommt und sagt, was er noch braucht und auf welcher Ebene.

Und spür auch, wie Du die Situation jetzt besser annehmen und leben wirst und den Koordinator einbeziehen wirst – bei der Arbeit, wenn Du allein bist, bei Partnern oder überall ein bißchen. Und jetzt schau sie Dir noch einmal an, die Situation, und spür auch im Körper – was hat sich verändert, was ist gleich? Es sollte sich eigentlich einiges verändert haben. Sind die Farben anders? Finde es heraus. Sind die Bewegungen anders, die Töne, die Gerüche dazu? Und das ist nur das Grundkonzept für den Koordinator. Du kannst das vervollständigen, wenn Du merkst, daß da was fehlt – auch jetzt noch. Vielleicht das Genießen – das könnte er noch mit hinzutun in allen Ebenen und Situationen, falls es noch nicht mit dabei ist. Frag mal zum Spaß, ob es schon drin ist: Genießen? Wenn ja, dann ist das fein, wenn nein, dann bitte dazutun, auf allen Ebenen und in allen Bereichen. Leichtigkeit, Freude, Klarheit und Bestimmtheit, Weichheit, Zärtlichkeit – und was immer Deine Werte sind. Und der Koordinator entscheidet, wieviel von was in welchen Kontext kommt.

Und dann zum Abschied fragst Du noch einmal, ob alle Einwände, die vorher da waren, jetzt weg sind – ob alle diese Einwände zufrieden sind. Und dann laß Dir zum Abschied noch einmal schenken, was gesund sein heißt. Sieh Dich einmal in einer Landschaft – ganz gesund. Und spür es auch – ist es für Dich jetzt sicherer, klarer, selbstverständlicher und natürlicher, wie Du ein Teil dieser Landschaft bist? Ein natürlicher Teil dieser Landschaft, der nur ein Bedürfnis hat: Deinen Samen wachsen zu lassen, wie alles andere da in der Landschaft. Wie weit weg die Idee jetzt ist, etwas anderes sein zu wollen, als das was Du bist. Diese Sicherheit – eine Birke ist eine Birke und will nicht eine halbe Lärche sein oder eine dreiviertel Kiefer. Nur das was sie ist – eine Birke. So auch Du. Daß alles anders ist – und das ist das Wunderbare. Jeder ist anders, das ist Vielfalt. Jeder ist einzigartig, einmalig – und so auch Du. Und dann laß auch die anderen dazu kommen in diese Vielfalt, wenn sie noch nicht da sind. Du mit anderen – gesund – jeder frei und gern gemeinsam. Und es geht nicht um ja oder nein sagen, es geht darum, daß Du Deine Bedürfnisse spürst und das lebst. Und andere einlädst mit Dir zu leben – gesund. Und spür, wie von Dir eine Kettenreaktion ausgeht für Frieden. Wie von Dir Ringe ausgehen, wie Ausstrahlung da ist und sich trifft mit anderen und ein Netz spannt über die Erde – blitzartig in Lichtgeschwindigkeit – und vielfach verstärkt zurückkommt. Du – strahlend – eine Schönheit, die von innen nach außen strahlt – etwas anderes gibt es nicht. Gib es in den Kosmos und bitte um Hilfe, Mut, Freude, daß Du *das* leben kannst und an andere weitergeben kannst. Daß Du andere einladen kannst, mit Dir zu tanzen, mit Dir gesund zu sein. Jeder frei und gern gemeinsam. Beschützt und behütet von Deinen inneren Helfern. Diese Sicherheit, spür sie mal, denn es wäre Wahnsinn loszulassen, wenn Du nicht sicher bist – und das ist auch richtig so. Spür Deine Helfer, die für Dich entscheiden, wo Du wieviel losläßt. Nicht immer und überall, nur wo es sicher ist, mehr loszulassen – und wo es sicherer ist, weniger loszulassen und mehr in Kontrolle zu sein. Spür die Sicherheit und auch noch einmal Deine Chakren, wie sie jetzt sind. Und dann nimm Dir Zeit für Dich, all das anzunehmen – sei es hier im Liegen oder bei einem Spaziergang für zehn Minuten.

Das Medizinrad

Das Medizinrad ist das Mandala für Ganzheit bei den Indianern. Es beinhaltet alles, was auf der Erde ist und ist eine ganzheitliche Darstellung des Universums – es hilft Dir, Deine eigene Metapher für Ganzheit zu finden. Und bevor Du losgehst, um dieses Mandala zu erleben, überlege Dir eine Frage, die Dir gerade am Herzen liegt und mit der Du gehen willst, denn es ist ganz entscheidend, daß Dir bewußt ist, nach was Du suchen willst – nur so wirst Du Antworten und Klarheit erhalten.

Und Du kannst diese Reise als normale Trance erleben, Du kannst aber auch zu Trommelmusik die einzelnen Elemente im Tanz und in der Bewegung erfahren und kennenlernen.

Und Du gehst durch eine Tür und kommst zu einem Platz, von dem Du spürst, daß er sehr viel Kraft hat.

Auf Dich zu kommt ein Führer – vielleicht Dein innerer Führer, vielleicht ein Lehrer aus dieser Welt, vielleicht aber auch ein weiser Begleiter. Und der führt Dich nun an vier verschiedene Plätze. Dort zeigt er Dir:

- ▼ den Platz des Südens – auf einer tiefgrünen Wiese, mittags, wenn die Sonne am höchsten steht: dort ist ein kleines Mädchen, wenn Du eine Frau bist – ein kleiner Junge, wenn Du ein Mann bist. Und dieses Kind ist geprägt von seinen guten und schlechten Erfahrungen, erfüllt von Regeln für das Handeln und Denken, und seine Erwartungen sollen von außen befriedigt werden. Es hat gelernt, daß Liebe mit Schmerz verbunden ist. Es steht im Zeichen des Feuers und Du kannst hier „Ja“ sagen zu Deinem Herzenswunsch. Es ist der Platz der Intimität und des Nestbaus – wie es die kleine grüne Maus tut, die hier wohnt. Und auch der Kojote wohnt hier, der keine Mauern einreißt, sondern um sie herum geht oder durch sie schlüpft.

- ▼ den Platz des Westens – in einer Erdhöhle, an einer Quelle, in der Du Dein eigenes Spiegelbild betrachtest: dort ist der weise Mann, die weise Frau – gegengeschlechtlich – der die Getrenntheit von Mann und Frau überwindet und die Gegensätze vereint, der spirituelle Kräfte hat und sich des Eingebettetseins in ein größeres Ganzes bewußt ist und danach handelt. Hier kannst Du Deine Heilfähigkeit kennenlernen und die Verbindung zu Deiner Quelle selbst heilen. Der Platz steht im Zeichen des Wassers, und Du kannst hier „Ja" sagen zu Deiner Intuition, zu Deinen Träumen und Visionen. Es ist der Platz des braunen Bären, der alleine lebt und keine natürlichen Feinde hat und der von allen anerkannt ist.

- den Platz des Nordens – mitten in der Weite der Steppe: dort ist eine Frau, wenn Du eine Frau bist, beim Mann ist es ein Mann, der mit dem heilen Menschenverstand arbeitet, sich seiner Verantwortung bewußt ist, seine Mitmenschen respektiert und die Umwelt achtet. Hier im Zeichen der Erde kannst Du „Ja" sagen zu Deiner Freiheit – einer Freiheit von allem Besitz der Dich einengt, und hier gewinnst Du absolute Rollenklarheit. Dieser Erwachsene des Nordens braucht die Begleitung durch den Westen und den Osten, um nicht zu trocken und erstarrt zu sein. Hier begegnet Dir der weiße Büffel, der sich gerne opfert und von dem die Indianer dankbar alles verwenden.

- den Platz des Ostens – auf dem Gipfel eines Berges: dort ist das freie unbekümmerte Kind, das die bedingungslose Liebe kennt und das gegengeschlechtlich zu Dir ist. Es ist Dein Sonnenkind – voll Lebenslust, Begeisterung und von der Sonne inspiriert. Es ist voll Urvertrauen und fühlt sich frei und doch geborgen. Es ist das Element der Luft, dem Du hier begegnest und das Dir hilft, „Ja" zu sagen zum Leben, zur Lebensfreude und zur Spontanität. Und hier lebt auch der Adler, der sehr weit sehen und auch genau fokussieren kann und der in einer lebenslangen Beziehung mit dem Partner lebt, mit dem er in seiner Jugend den meisten Spaß hatte. Und hier im Element der Luft verbindet sich alles und läßt Dich ganz werden – hier verbinden sich die Elemente und wenn Du „Ja" sagst zu Deinem Herzenswunsch und zu Deinen Träumen, dann bist Du frei und kannst „Ja" sagen zu Deinem Leben und zu Deiner Lebensaufgabe.

Jeder Platz wird einzeln angenommen, erlebt, vielleicht sogar getanzt.

Dann kommst Du zurück zum Kraftplatz, in die Mitte des Medizinrades und tanzt mit allen Elementen – mit dem Kind aus dem Süden vor Dir, mit dem Sonnenkind des Ostens, links neben Dir, mit dem Erwachsenen des Nordens hinter Dir und dem Weisen des Westens, rechts von Dir.

Und während ihr noch tanzt, geht das Kind des Ostens auf das verletzte Kind des Südens zu und beginnt mit ihm zu tanzen und zu spielen – und das Kind des Südens lernt, daß es bedingungslose Liebe gibt und wird innerlich geheilt. Und Du schickst die beiden miteinander zum Spielen.

Und Du spürst die neue Lebens- und Bewußtseinsqualität und vielleicht willst Du sie auch wieder tanzen und dabei machst Du Dir bewußt, daß alle Wesenselemente gleich stark und „gleich-berechtigt" sind.

Dann verabschiedest Du Dich wieder von dem Führer und kommst zurück in diesen Raum.

Das Medizinrad

Das Medizinrad ist das Mandala für Ganzheit bei den Indianern. Es beinhaltet alles, was auf der Erde ist und ist eine ganzheitliche Darstellung des Universums – es hilft Dir, Deine eigene Metapher für Ganzheit zu finden. Und bevor Du losgehst, um dieses Mandala zu erleben, überlege Dir eine Frage, die Dir gerade am Herzen liegt und mit der Du gehen willst, denn es ist ganz entscheidend, daß Dir bewußt ist, nach was Du suchen willst – nur so wirst Du Antworten und Klarheit erhalten. Wann immer bei den Indianern jemand eine Frage hatte, wurde ihm gesagt: „Geh hinaus und hol Dir die Antwort in der Natur." Jede Frage ist möglich – da ist immer eine Antwort. Und die Elemente und verschiedene Helfer werden Dich auf Deinem Weg begleiten, damit Du Klarheit finden kannst und gesund wirst – und damit Du Dich vollkommen im Einklang mit dem Universum erlebst.

Und Du kannst diese Reise als normale Trance erleben, Du kannst aber auch zu Trommelmusik die einzelnen Elemente im Tanz und in der Bewegung erfahren und kennenlernen.

Und wenn Du Dich für die Reise entschieden hast, kannst Du es Dir jetzt wieder ganz bequem machen und Dir Zeit nehmen, ganz für Dich. Und auch, wenn Du es tanzen möchtest, kannst Du jetzt damit beginnen, daß Du Dich ganz ruhig, mit beiden Beinen fest in der Erde verwurzelt, hinstellst. Und es genießt, ganz ruhig zu werden, nichts denken zu müssen, nichts tun zu müssen – einfach nur da sein und spüren, wie es mit jedem Atemzug mehr und mehr beginnt, ruhig und kraftvoll in Dir zu strömen und zu pulsieren – mehr und mehr. Mit jedem Einatmen ist es Dir, als ob all die kosmische Energie sich in Dir ansammelt und Dich ganz licht werden läßt, Dich erfüllt mit Liebe und innerem Frieden, mit Harmonie und Ruhe. Und mit jedem Ausatmen kannst Du alles loslassen, was diesem Strömen von Ruhe und Gelassenheit noch im Weg ist – bis Du ganz durchgängig bist, für dieses wunderbare Licht und die innere Klarheit. Bis Du mehr und mehr zu Dir selbst kommst und spürst, wie da alles in Dir ist, was Du brauchst, um ganz Du selbst zu sein. Wie mit jedem Atemzug sich die Intensität Deiner Werte in Dir mehr und mehr steigert. Und während Du diese tiefe Ruhe und Sicherheit in Dir spürst, spürst Du auch, wie Dein ganzer Körper sich mehr und mehr entspannen kann, mehr und mehr losläßt. Und Du beginnst, mit diesem wunderbaren Strömen und Fließen mitzuschwingen. Und vielleicht ist es dieses Fließen und Strömen, vielleicht eine wunderbare innere Melodie, vielleicht ist es aber auch diese kraftvolle und liebevolle Stille, die da in Dir einzieht und die es Deinem Körper immer leichter macht, alles loszulassen, was es da noch an Anspannungen in Dir gibt. Wie dieses Strömen und diese Stille alles in Dir ruhig werden lassen und entspannt – und wie Du mit jedem Atemzug noch ein bißchen mehr loslassen kannst, noch ein bißchen mehr zu Dir selbst finden kannst, noch ein bißchen mehr ganz Du selbst wirst. Und wenn es da noch Gedanken gibt, die Dich beschäftigen, dann kannst Du sie einfach loslassen – jetzt – und ziehen lassen, wie Sommerwolken am blauen Himmel. Einfach ziehen lassen, während Du mehr und mehr spürst, wie diese Ruhe und Stille in Dir wirkt. Wie sie Deinen Körper entspannt und Deinen Geist ganz klar und bewußt macht, nur noch auf diesen Augenblick konzentriert, nur noch auf Dein inneres Wesen, auf Dein Selbst – in all seiner Farbigkeit und Lebendigkeit, mit all seinen Gefühlen und Wünschen und Träumen – alles Du. Und mehr und mehr bist Du ganz bei Dir. Und vielleicht ist es das Licht in Dir, vielleicht auch die Stille und die Gelassenheit, was es Dir möglich macht, immer tiefer und tiefer zu entspannen und immer mehr zu Dir selbst zu kommen.

Und während Du diesen Zustand genießt und ihn noch ein bißchen mehr werden lassen kannst, entdeckst Du, was alles zu Dir selbst gehört. Wie viel es da in Dir gibt, was so schön und wichtig ist – und was Dich so einzigartig und so besonders macht für diese Welt. Wenn Du nicht da wärst, würde ein Teil in dieser langen Kette fehlen – eine Lücke da sein. So wie jeder Mensch seinen ganz eigenen Platz und seine ganz eigene Aufgabe hat und jeder ein gleich wichtiges Glied in dieser langen Kette ist, die alles verbindet: die Menschen und die Tiere, die Pflanzen und die Mineralien, die Mutter Erde und den Vater Himmel.

Und mehr und mehr wird Dir dieses Eingebundensein bewußt. Nur wenn jedes Teil an seinem Platz ist und seine Aufgabe erfüllt, für die es in der Welt ist, fügt sich das Ganze wunderbar harmonisch in das größere Ganze, in die all-eine Liebe des Universums. Und so waren es gerade auch die Indianer, in deren Erfahrungswelt Du heute eintauchst, die sich dieser unabdingbaren Verantwortung für das große Ganze bewußt waren. Die ihre Entscheidungen immer so trafen, daß sie auch Generationen nach ihnen noch ihre Gültigkeit haben können und daß auch Generationen nach ihnen noch heilsamen Nutzen daraus ziehen können. Um wieviel heiler wäre diese Welt mit allem, was auf ihr ist, wenn jeder sich dieser intensiven Verbindung zum großen Ganzen und zu jedem einzelnen bewußt wäre.

Und Du kannst einen Beitrag dazu liefern, diese Erde mit allen ihren Menschen und Tieren, all ihren Pflanzen und Mineralien, mit ihrer Luft und ihrer Erde ein Stückchen mehr heil werden zu lassen, einfach indem Du selbst ein Stückchen mehr heil wirst und mit Dir selbst in einem harmonischen inneren Gleichgewicht lebst und es hinausträgst in diese Welt. Und diese innere Balance mehr zu finden kann Dir jetzt gelingen, wenn Du durch die Tür vor Dir gehst und hineintrittst in diese andere Welt, in diese andere Bewußtseinsebene, die da in Dir ist.

Und Du kommst an einen Platz in der Natur, von dem Du spürst, wieviel Kraft er ausströmt, so daß Du noch mehr tiefe innere Ruhe und Energie spürst. Und Du schaust Dich da um – siehst die vielen Farben, die die Natur zaubert, riechst den wunderbaren Duft, den Du tief einatmest und in Dir strömen läßt und lauschst den verschiedenen Geräuschen, die es da gibt – den Wind, die Vögel – und spürst die Wärme der Sonne auf Deiner Haut. Und während Dich dieser Platz mit seiner wunderbaren Kraft mehr und mehr erfüllt und Du es einfach genießt, hier zu sein, kommt Dein Führer auf Dich zu, der Dich in diese andere Welt begleiten wird. Vielleicht ist es Dein innerer Führer oder ein Lehrer aus dieser Welt, vielleicht ist es aber auch ein weiser Begleiter, der um die Geheimnisse des Lebens weiß.

Und nachdem Ihr Euch begrüßt habt und die vertrauensvolle Nähe zwischen Euch erlebt habt, geleitet Dich der Führer auf eine intensiv grüne Wiese. Es ist heiß in der Mittagshitze und die Sonne steht genau im Zenit. Und dort, im Zeichen des Feuers, lernst Du Dein

Kind des Südens kennen. Wenn Du männlich bist, ist das ein kleiner Junge, wenn Du weiblich bist, ist es ein kleines Mädchen. Es ist dieses kleine Kind, das geprägt ist von den Erfahrungen, die es gesammelt hat. Das Kind, das gelernt hat sich anzupassen. Das aus schlechten Erfahrungen gelernt hat, was man tut und was man nicht tut. Dieses Kind, das vielleicht auch unsicher ist, oder brav und angepaßt, das geprägt ist und seine natürliche Unbekümmertheit abgelegt hat, aus Angst vor schlechten Erfahrungen. Es wartet noch immer darauf, umsorgt zu werden und darauf, daß ihm seine Wünsche von anderen erfüllt werden. Und vielleicht hat dieses Kind viele Erfahrungen gemacht, die gut und nützlich sind und ihm immer wieder weiterhelfen, vielleicht sind da aber auch Erfahrungen dabei, die irgendwann einmal gestimmt haben, jetzt aber überholt sind. Und dieses Kind genießt es, umsorgt und behütet zu werden und überläßt die Verantwortung für sein Leben gern den anderen. Es hat aber auch gelernt, daß Liebe immer mit Schmerz verbunden ist und ist dadurch unsicher und hilflos. Hier im Süden kannst Du mit diesem Kind „Ja" sagen zu Deinem Herzenswunsch und es ist der Ort der Intimität und des Nestbaues – so wie es die kleine grüne Maus tut, die hier zu Hause ist und die sich in dieser Wärme ihr Nest macht. Und doch kann diese kleine Maus nicht über ihre Grenze schauen, genau wie der Kojote, der auch hier ist und der Mauern nicht einreißt, sondern sie umgeht oder durch sie schlüpft. Und Du hast so viel Zeit, wie Du brauchst, um diesen Platz des Südens, diesen Teil von Dir, intensiv kennenzulernen, mehr von ihm zu erfahren und zu erspüren.

Und dann kommt Dein Führer wieder zu Dir, um Dich weiter zu führen – diesmal tief hinein in eine dunkle Erdhöhle. Und während Du die Kraft und die Geborgenheit dieses Platzes spürst, der so tief innen liegt, schaust Du in das ruhige klare Quellwasser, das hier ist. Und während Du tiefer und tiefer hineinblickst, in Dein Spiegelbild und dort das siehst, was wirklich Du bist – ganz tief in Dir drin – begegnest Du hier, am Platz des Westens, Deinem inneren weisen Wesen – einer Frau bei Männern – einem Mann bei Frauen. Und im Schutz dieser kraftvollen Höhle und im Element des Wassers, lernst Du dieses Wesen besser kennen. Es ist erfüllt von spiritueller

Weisheit und der Kraft der Intuition. Es ist Teil des All-einen und doch Teil von Dir. Und vielleicht ist es Dir schon begegnet in anderen Reisen, oder als Deine innere Stimme. Dieses Wesen kennt die göttlichen Gesetze und ist Heiler, Berater und Begleiter zugleich – auf wunderbare Weise. Es verbindet das scheinbar Getrennte, vereint das Männliche und das Weibliche in Dir und hilft Dir so zur Ganzwerdung. Mit seiner Weisheit und Liebe stellt es die innere Balance her und hilft zu einem liebevollen Handeln nach außen, das sich der großen Verantwortung für das größere Ganze bewußt ist. Es verbindet die Reife des Verstandes mit der Kraft der Phantasie, schafft inneren und äußeren Frieden und führt mit seiner Weisheit den Menschen zu seiner Bestimmung und Aufgabe. Es schenkt Dir Deine Heilfähigkeit und hilft Dir, die Verbindung zu Deiner Quelle noch klarer und reiner werden zu lassen und diese Verbindung ganz zu heilen. Es hilft Dir, Wege zu gehen, die Dich in Einklang bringen mit Dir selbst und mit allem um Dich herum und läßt Dich Dein Verbundensein und Dein Eingebettetsein in das große Ganze, in die göttliche Liebe, in die Weisheit und Unendlichkeit des Universums erkennen und erleben. Und so wie der braune Bär, der hier lebt und der von allen anerkannt ist, findest auch Du zu Dir selbst und kannst „Ja" sagen zu Deiner Intuition und „Ja" zu Deinen Träumen und Visionen. Kraftvoll, wie der Bär, kannst Du dazu stehen und niemand wird sich dem widersetzen – genauso, wie auch der Bär keine natürlichen Feinde hat. Erst dieses Wesen läßt Dich ganz werden, innerlich heil und harmonisch, damit Du Deine Aufgabe als einzigartiges Glied dieser großen Kette erfüllen kannst. Und auch hier kannst Du Dir wieder alle Zeit nehmen, die Du brauchst, um dieses Wesen am Platz des Westens ganz kennenzulernen.

Und dann ist da wieder Dein Führer – und diesmal führt er Dich in eine weite Steppe, wo Du dem Element Erde ganz nahe bist und den Kreislauf der Natur von Geben und Nehmen ganz intensiv erlebst. Und hier, am Platz des Nordens, lernst Du Deinen Erwachsenen kennen. Und es ist ein Mann, wenn Du ein Mann bist, und eine Frau, wenn Du eine Frau bist. Und dieser Erwachsene arbeitet mit seinem gesunden Menschenverstand. Er folgt seinem logischen Denken und seinen vernünftigen Entscheidungen. Er hat seinen Platz und seine Aufgabe im Leben gefunden und hat seine Rolle im Alltag erkannt. Er lebt und handelt sehr bewußt und eigenverantwortlich, ist kraftvoll und kennt seine Werte und Fähigkeiten. Er respektiert und achtet sein Umfeld, zieht es aber nicht für sein eigenes Handeln zur Verantwortung. Er hat gelernt, die Zusammenhänge zu erkennen und handelt verantwortungsbewußt für sich und für die Umwelt. Und doch braucht er den Westen und den Osten mit ihren Energien, damit er geistig und in seinen Gefühlen nicht erstarrt. Hier an diesem Platz kannst Du ganz bewußt „Ja" sagen zur Freiheit – einer Freiheit, die sich lösen kann von Besitz und Eigentum. Und Du kannst Dich hier frei entscheiden, wieviel Besitz Du wirklich brauchst, um Dich noch ganz frei zu fühlen. Und Du hast die Freiheit, Dich ganz Deinem Weg hinzugeben, so wie der weiße Büffel, der hier zu Hause ist und der sich opfert für die Indianer, die jedes Tier dankbar erlegen und wirklich alles von diesem Tier verwenden und verarbeiten. Und genauso findest auch Du hier zu einer völligen Klarheit über Deine Rollen. Und dann nimm Dir auch hier wieder so viel Zeit, wie Du möchtest, um diesen Teil in Dir kennenzulernen und mehr über ihn zu erfahren, bis er Dir ganz vertraut ist.

Und so kommt Dein Führer noch einmal zu Dir, um Dich weiterzugeleiten. Und diesmal führt er Dich ganz weit hinauf auf einen Berg, ganz tief hinein in das Element Luft. Und Du kannst wunderbar weit sehen, wie der Adler, der hier wohnt, und der nicht nur unendlich weit sehen kann, sondern der auch ungewöhnlich genau fokussieren kann. Du begegnest hier Deinem Sonnenkind – es ist ein kleines Mädchen, wenn Du ein Mann bist, und ein kleiner Junge, wenn Du eine Frau bist. Und dieses Kind lacht Dich an und Du spürst, wie die Leichtigkeit und Heiterkeit dieses Kindes auch Dich erfüllt – wie dieses Kind der fröhliche Teil in Dir ist und wie es die Spontanität in Dir lebt. Ein Kind, das die bedingungslose Liebe kennt und lebt und das durch keine Erziehung oder schlechten Erfahrungen in seiner natürlichen Fröhlichkeit gebremst worden ist. Es ist diese heile unbekümmerte Kraft, die in diesem Kind lebendig ist. Es ist erfüllt von Lebensfreude und Lebenslust – von Heiterkeit und Fröhlichkeit, von Optimismus und diesem wunderbaren unberührten Urvertrauen, daß es geschützt und geborgen ist und daß es geführt wird, so daß es nichts gibt, was ihm schaden könnte. Es hat Selbstvertrauen und Selbstsicherheit, ist sich seiner Werte und Fähigkeiten bewußt und genießt den spielerischen Umgang damit. Es lebt aus der Kraft der Sonne und ist von ihr erfüllt. Und es weiß um sein Eingebundensein in die Kraft der Mutter Erde und die kosmische Energie des Himmels. Es ist dieses Kind, das lacht, wenn es vom Baum fällt und gleich wieder hinaufsteigt. Dieses Kind, das nichts so leicht aus dem Gleichgewicht bringt und das immer optimistisch ist. Es fühlt sich geborgen und frei zugleich und kann mit seiner wunderbaren inneren Kraft dem verletzten Südkind heilend zur Seite stehen. Mit ihm kannst Du „Ja" sagen zum Leben und zur Lebensfreude – und Du kannst das leicht und selbstverständlich, weil Du all das andere schon kennst und „Ja" gesagt hast zur Intimität, zu Deiner Intuition und zu Deiner Freiheit. Und hier im Element der Luft ist das alles verbunden. Und Du bist auch verbunden mit anderen, so wie der Adler, der lebenslang in einer festen Paarbeziehung bleibt und sich seinen Partner danach auswählt, mit wem er in seiner Jugend den meisten Spaß hat. Und diese Lebensfreude und Lebenslust erlebst Du jetzt hier ganz intensiv. Und auch hier hast Du wieder ganz viel Zeit zum Kennenlernen.

Und dann kommst Du wieder zurück mit Deinem Führer zur Mitte dieses Rades und erlebst hier noch einmal ganz bewußt und deutlich alle vier Wesenselemente und tanzt mit ihnen – jedes Element ist gleich wichtig und hat seinen Platz und seine Berechtigung. Und dann entdeckst Du, wie Dein Sonnenkind auf das verletzte Kind im Süden zugeht, mit ihm tanzt und ihm ganz viel von seinen Fähigkeiten schenkt. Und mehr und mehr lernt dieses Südkind dadurch, daß es bedingungslose Liebe wirklich gibt und daß es sie erleben und annehmen kann. Und Du spürst, wie dieses Kind bisher immer wieder in Deinem Leben ganz vorne stand, wie Du immer wieder aus der Angst vor Verletzungen heraus gehandelt hast, aus der Angst heraus, Du müßtest etwas leisten und etwas tun dafür, daß Du geliebt wirst. Und Du entdeckst, wie schwer es Dir damit gefallen ist, ganz „Ja" zu Dir selbst, zu Deinen Fähigkeiten und Werten zu sagen und wie dieses verletzte Kind durch die liebevolle

Berührung des Sonnenkindes auflebt und befreit wird. Und dann, wenn es für Dich stimmt und die richtige Zeit ist, dann schick die beiden einfach los, damit sie miteinander spielen gehen und Du selbst freier und sicherer Deinen Weg gehen kannst. Und doch bleiben die beiden auch wichtige Teile Deines Wesens und Begleiter auf Deinem Weg. Sie sind nicht verschwunden, aber das kleine Kind in Dir ist geheilt und kann bedingungslose Liebe spüren und annehmen. Und jetzt, wo die beiden spielen gegangen sind, kann endlich der Mann oder die Frau aus dem Norden in den Süden kommen und seine Lebensaufgabe ganz übernehmen. Und es ist gut, daß das kleine verletzte Kind gehen durfte, weil für dieses Kind die Aufgaben Deines Lebens viel zu schwierig wären und das Kind das gar nicht allein schaffen könnte. Erst wenn es spielen geht und der reife Erwachsene diesen Platz einnimmt, ist es möglich, die gestellte Aufgabe mit Hilfe der Träume und Visionen, mit Freiheit und Lebensfreude zu übernehmen und sie mit Leichtigkeit und Freude zu erfüllen.

Und mit dieser Befreiung des kleinen Kindes entsteht die Ganzheit in Dir, und je nachdem, mit welcher Frage Du losgegangen bist, kann es sein, daß Dein Mandala für Ganzheit vielleicht ganz anders aussieht und die Elemente ganz anders integriert werden. Und diese Verbindung und dieses Eins-Werden aller Elemente kann an jedem Platz im Medizinrad stattfinden und doch wird es immer diese Einheit und diese Verbundenheit sein, mit allem was Dich umgibt und mit dem ganzen Universum. Und wenn Du „Ja" sagst zu Deinem Herzenswunsch und „Ja" zu Deinen Träumen, dann bist Du ganz frei und kannst „Ja" sagen zu Deinem ganzen Leben, zu Deiner Lebensaufgabe und „Ja" zu Dir selbst.

Und Du spürst diese neue Qualität der Bewußtheit, und mit jeder Bewegung Deines Tanzes integrierst Du alles, was dazu gehört, mehr und mehr in Dir und wirst harmonischer und kommst mehr und mehr in Resonanz mit Dir.

Und dann, wenn es für Dich gut ist, dann verabschiede Dich von allen Elementen, bedank Dich für alles, was sie für Dich tun und spür, wie sie ganz zu einem Teil von Dir werden, den Du immer bewußt erkennen und leben kannst, wenn es in dieser anderen Welt, in die Du zurückkehrst, gerade paßt. Und so kannst Du Dir Zeit lassen, wieder ganz hier anzukommen, bevor Du Dich streckst und dehnst und noch ein paar Mal tief durchatmest, bevor Du die Augen wieder öffnest und wieder ganz da bist. Und wenn Du Lust hast, kannst Du das, was Du erlebt hast, aufschreiben oder aufzeichnen oder Dich zu einer schönen Musik hineinbewegen in dieses Gefühl, von vier so vertrauten Begleitern umgeben zu sein.

Gesundheit und Lebendigkeit spüren

Ich bin gesund und fühle mich wohl in meinem Körper.
Ich begegne meinem Körper mit Liebe und Achtsamkeit.
Ich spüre und verstehe, was meinem Körper gut tut.

In Resonanz leben durch die Kraft Deiner Quelle

Die liebevolle Begegnung mit Deinem Körper

In der liebevollen Begegnung mit meinem Körper erlebe ich Gesundheit und Lebendigkeit:

- Ich begegne meinem Körper mit der gleichen liebevollen Aufmerksamkeit wie meinem Verstand und meiner Seele und kann dadurch in innerem Gleichgewicht leben und wachsen.
- Ich liebe und achte meinen Körper und schenke ihm, was er braucht – in der Ernährung, in der Freude an der Bewegung und in der Begegnung mit anderen.

So fühle ich mich wohl in meinem Körper und genieße meine Lebenskraft.

Die Reisen

Die Reisen in diesem Kapitel bieten ganz verschiedenartige Möglichkeiten, mehr über Deinen Körper zu erfahren und in liebevollen Kontakt mit ihm zu gelangen. Die Reihenfolge der Reisen ist hier nicht von Bedeutung, und vielleicht spricht Dich die eine oder andere Reise spontan mehr an – und vielleicht ist genau das eine Botschaft Deines Körpers an Dich, was er jetzt gerade am allermeisten braucht.

Die Übersicht hilft Dir auch hier wieder bei der Auswahl:

Dein Gesundheitsbild – Ich entdecke, was es für mich heißt, gesund zu sein und erfahre, was ich für meinen Körper tun kann, damit er noch lebendiger, schöner und gesünder wird.

Eigene Gefühle und fremde Gefühle unterscheiden – Ich erlebe den Unterschied zwischen meinen eigenen Gefühlen und Gefühlselementen anderer in mir und lerne, mich von diesen fremden Teilen zu lösen.

Eine Reise zu den Chakren – Ich lerne Energiezentren in meinem Körper kennen und spüre, wie die Energie in mir in Fluß kommt. Eingehüllt in einen Mantel aus Licht habe ich einen Schutz, der nur durchläßt, was hilfreich und gut ist für mich.

Six-Step-Reframing – Ich erfahre, welche Botschaft meine Krankheit für mich hat und entdecke neue Möglichkeiten zu leben, um wieder gesund zu werden.

Reframing / Teilpersönlichkeiten annehmen – Liebevoll werden Teilpersönlichkeiten von meiner Quelle geheilt, so daß ich mit ihnen noch besser und spielerischer meinen Lebensweg gehen kann.

Der Löwenzahn – Kraft aus der Mutter Erde – Ich erlebe, wie ich verwurzelt bin in der Erde und in diesem Leben und spüre zugleich die wunderbare Freiheit in mir.

Liebevolle Berührung – In Trance oder gemeinsam mit einem Partner erlebe ich die Kraft der liebevollen Berührung und den intensiven Strom der Energien und spüre, wie ich mehr und mehr in Resonanz mit mir und meinem Partner komme.

Dein Gesundheitsbild

In dieser Reise geht es darum, daß Du entdeckst, was es für Dich heißt, „gesund" zu sein und Du kreierst Dir einen gesunden, strahlenden und lebendigen Körper, genau so, wie Du ihn magst.

Und mit Deinem Atem wirst Du stiller und entspannst – Deine Gedanken kannst Du immer leiser drehen, bis sie weg sind.

Und dann laß nur noch den Gedanken kommen: „Mein Körper ist wunderbar und wunderschön", und spür dabei das Strömen und Deine Resonanz in Dir.

Und dann laß für Dich ein Bild entstehen von Deinem Körper, wie Du ihn haben möchtest. Und Du beginnst mit dem Gesicht – strahlend und leuchtend durch jede Hautpore. Und weiter den Körper hinunter bis zu den Füßen.

Und mit jedem Atemzug kannst Du Deinen Körper verjüngen und noch gesünder und strahlender machen.

Dann laß Dir von Deinem Körper einmal eine Botschaft geben, was Du für ihn tun kannst – an Bewegung und körperlichen Übungen, um ihn noch lebendiger zu machen. Etwas, was Dir wirklich Spaß macht und nicht einfach Pflicht ist.

Und mit diesem wunderschönen und lebendigen Körper bist Du ganz im Licht und in Deiner Quelle und jede Zelle Deines Körpers pulsiert in diesem wunderbaren Zustand.

Und dann kannst Du noch fragen, was Du sonst noch tun kannst, damit Dein Körper noch schöner und noch gesünder und lebendiger wird. Und diese Zuwendung zu Deinem Körper kann und darf Dir ganz viel Spaß machen.

Und alle Beliefsysteme, die Dir noch im Weg stehen, um einen wunderschönen und gesunden Körper zu kreieren, transformieren jetzt mit Hilfe Deiner Quelle.

Und nachdem Du noch ein Symbol geschenkt bekommen hast für dieses neue Körpergefühl, für Deinen wunderschönen, gesunden

Körper, steigst Du hinein in diesen neuen Körper und spürst ganz intensiv, wie Du Dich hier fühlst.

Und nachdem Du das eine Weile genossen hast, kommst Du in Deinem Tempo wieder hierher zurück.

Dein Gesundheitsbild

Immer mehr wird festgestellt, daß „Alt-werden“ ein Beliefsystem ist. Es geht darum, daß wir gesund sind. Unser Körper ist alles was wir haben. Was ich jetzt machen will ist, daß Du für Dich selber einen gesunden und schönen Körper kreierst – erst kreierst und dann machen läßt. Wenn Du zu Dir selber ja sagst, kannst Du zu allem rundherum ja sagen, alles Schöne entdecken.

Weizsäcker hat einmal in einem Vortrag gesagt, daß die Ärzte meinen, daß es keinen Grund gibt, daß wir plötzlich alt werden. Es scheint nur so zu sein, daß die Frequenz niedriger wird. Wenn wir die Frequenz so hoch halten können wie als Junger, ist „Alt-sein“ nicht möglich. Viele Beliefsysteme von uns müssen platzen, wenn man nicht stirbt, weil man gebrechlich und krank ist, sondern weil wir die Aufgabe, die wir im Leben hatten, erfüllt haben. Und dann vielleicht, wie die Eskimos, einfach in den Schnee hinausgehen und einschlafen in der Kälte.

Für Deinen Körper hast Du zwei Möglichkeiten, die ihn krank oder gesund machen – den Atem und die Bewegung. Durch Atem und Bewegung kommt Sauerstoff in die Zellen, wird das Lymphsystem angekurbelt, das praktisch die Müllabfuhr in unserem Körper ist. Wenn ich wenig atme und mich wenig bewege, funktioniert die Müllabfuhr schlecht, das heißt, die abgestorbenen Zellen bleiben liegen und sind ein natürlicher Nährboden für die Viren und Bakterien, die in unserem Körper immer da sind. Es geht auch im Körper, in Dir selbst, um das Miteinander, daß es wieder hergestellt wird.

Was wir kreieren – für Dich auch – ist ein gesunder, schöner Körper, was immer das auch für Dich heißt.

Mach es Dir ganz bequem – und Du entscheidest, was für Dich bequem ist – und versuche, ob Du entspannen kannst – so für Dich allein.

Laß dann mit jedem Atemzug Stille in Dich hineinkommen – neugierig, was das für Dich heißt. Es ist immer dieser Wechsel –

zuerst der Befehl und dann der Körper. Er macht es für Dich – vielleicht auch mal ganz anders – daß Stille in Dich hineinkommt. Richte die ganze Aufmerksamkeit nur nach innen, in Dein Inneres, zu Deinen Gefühlen. Alles andere wird unwichtig. Wenn Du noch irgend etwas brauchst, um Dich hier sicher zu fühlen, dann mach das, während Du jetzt losläßt, Dir jetzt schenken läßt, was Du kreieren willst. Du bist ungestört und sicher – was immer Du noch dazu tun kannst – mach es jetzt noch, gleich. Das ist der Beginn.

Und Du kannst die Lautstärke Deiner Gedanken regulieren. Lauter oder leiser – wie es für Dich stimmt. So wie Du es willst. Probier es aus. Mach es mal ganz laut, was immer Du jetzt auch hörst oder sagst. Und dann mache es ganz leise und sanft – bis es sich auflöst. Nimm mal einen Gedanken, den Du nicht so gern hast und laß ihn wegtreiben – bis er verschwindet und sich auflöst. Leiser und leiser. Und dann nimm einen positiven Gedanken – etwas über Deinen Körper, etwas Positives – und dann mach es laut. Dreh es lauter. Und dann drehe alle Gedanken vom Geräusch herunter. Mach es leise, bis die Stille da ist – ein friedliches Gefühl.

Laß uns gemeinsam – ein jeder für sich – eine Reise durch den Körper machen, damit Du Energie in Deinen Körper hineinlassen kannst. Und wie Du es machst, ist eine von vielen, vielen Möglichkeiten. Mit dem Licht Deiner Seele, das dauernd – wenn Du es erlaubst – Deinen Körper verjüngt und gesund und schön macht, ganz von allein. Oder wenn Du es wie die Kinder machst und Dich selber fragst: „Wie genau ist mein Körper wunderschön?“ Und wenn andere Gedanken kommen, die im Moment nicht dazu passen, mach sie leiser, dreh einfach leiser. Die kannst Du Dir dann später anschauen – jetzt entscheidest Du, welche Gedanken da sind. Wiederhole nur bei Dir: „Mein Körper ist wunderbar – wunderschön.“ Und wenn Gedanken kommen, die diese Aussage noch unterstützen und bekräftigen, dann mach sie lauter. Spüre, wie es Dir Freude macht, mit Deinem Gehirn zu spielen. Mit Deinem Computer die Programme zu aktivieren. Sag Dir immer wieder „Ich bin wunderschön“, oder auch: „Ich habe einen wunderschönen Körper.“ Sag das mal. „Ich habe einen wunderschönen Körper.“ Richte auch Deine Aufmerksamkeit auf Deinen Körper. All Deine Aufmerksamkeit. Und je mehr Du es spürst, während Du es sagst, desto mehr wird es auch so sein. Dein Körper ist die Reflektion all Deiner Gedanken und all Deiner Gefühle.

Einatmen – zur Quelle. Ausatmen – der Welt schenken, versprühen. Und während Du es tust, kannst Du spüren, daß da ein Rhythmus ist in Dir, in Deinem Körper. Ein Rhythmus, eine Schwingung, eine Resonanz, die gekoppelt ist mit Deiner Persönlichkeit, mit dem, was Du bist. Dein Rhythmus. Und dann – dann spür, was Du genannt hast – vibrieren, strömen, pulsieren, fließen. Indem Du diesen Rhythmus mehr und mehr hineinläßt und in Bewegung bringst, aktiv werden läßt, wirst Du mit jedem Atemzug jünger und jünger. Und Dein Körper reinigt sich – ganz von allein, mit jedem Atemzug – einatmen und ausatmen. Und fühl jetzt den Rhythmus, der Deiner ist. Diesen Rhythmus, der sehr angenehm ist. Und daß Du ihn noch ein bißchen mehr entdecken kannst, Deinen eigenen inneren Rhythmus und noch einmal erlebst – Deine eigene innere Energie und Resonanz. Und Dich mitnehmen laßt, von dieser Energie, diesem Rhythmus.

Und laß jetzt für Dich ein Bild entstehen, eine Vorstellung, wie Du Deinen Körper haben möchtest, wie er wirklich ist – einfach wunderschön.

Und wir beginnen mit Deinem Gesicht, mit Deiner Haut. Stell Dir einmal vor, Du schaust in einen Spiegel. Und mit Deinen Gedanken kreierst Du, was Du im Spiegel siehst. Und was Du siehst, liebst Du. Und laß ein wunderschönes Gesicht entstehen. Ein Gesicht, auf dem das Licht Deiner Seele leuchtet, von der Quelle strahlend – durch jede Hautpore. Und all das kommt aus Deiner Quelle. Alles, was immer in Deiner Seele ist, wird aktiviert in Dir. Sieh einmal, wie dieses Licht, dieses Strahlen auf Dein Gesicht kommt – und wie Du dieses Gesicht haben möchtest.

Dann geh einmal weiter nach unten zu Deinem Hals, zu Deinen Schultern und zu Deinen Armen. Die wunderbaren Schultern und Arme, wie Du sie möchtest. Laß all das entstehen durch Deinen Rhythmus, durch Deine Energie – die Arme, die Finger und die Hände.

Und dann laß die Vorstellung kommen von Deinem Brustkorb – dem oberen Teil Deines Brustkorbes und wie Du ihn haben möchtest, wie er für Dich paßt, Dich noch unterstreicht in Deiner besonderen Eigenheit.

Und dann Dein Po, Deine Hüfte – mach Dir eine wunderbare Vorstellung. Wunderschön und gesund. Deine Knie, Deine Füße.

Und jetzt versuch mal – so wie ein Kind – daß es Dein Körper ist, den Du Dir gerade vorstellst. Und Du bist diesen Körper wert. Was Du in diesem Körper alles tun kannst, was Du vorher in Deinem alten nicht konntest. Laß Dir dieses neue Gefühl bewußter werden und spür das Gefühl, das Du haben kannst in diesem Körper. Und je mehr Du dieses Gefühl kommen läßt, desto mehr wird der Körper für Dich fließender, strömender, pulsierender, ekstatischer. Spür, wie das ist. Und wenn Du mehr positive Gedanken hast, kannst Du Dich automatisch leichter entspannen und positiv spüren und fühlen. Und Dein Körper kann beginnen, sich jedesmal zu verjüngen – ganz von allein. Einfach indem Du atmest – auch dadurch verjüngst Du Deinen Körper. Wenn Du mit jedem Atemzug Deinen Brustkorb öffnest, sendest Du mehr Sauerstoff in all Deine Zellen und Du beginnst, Deinen Körper zu verjüngen. Wenn Du nicht nur atmest, sondern auch Körperübungen machst, wird Dein Körper von allein lebendiger. Die Übungen sind wichtig, aber nicht, weil Du es sollst, sondern weil Du all die Freude spürst mit diesem wunderbaren Körper, der Deiner ist und mit dem Du alles tun kannst, was Du möchtest. Weil Du diese Freude spürst, Deinen Körper zu bewegen.

Und nun rufen wir Deine Seele. Du brauchst Dir keine Gedanken machen und auch nicht wissen, wie das geht. Du rufst einfach nur Deine Seele. Und Du kannst auch mit Deiner DNS reden, dem Zentrum all Deiner Zellen. Die DNS programmiert jede Zelle in Deinem Körper von dort aus. Und spür diese Verbindung, die Du herstellen kannst – jetzt – mit all diesen Zellen Deines Körpers und Deiner Seele. Nimm die DNS, dann kommt alles von selbst. Atme ganz tief ein – und mit jedem Atemzug atmest Du das Bild von Dir selbst ein. Das Bild, das Du Dir vorstellst. Ganz lebendig, wunderschön und gesund. Dein Körper strahlt, fließt, strömt, vibriert. Und damit Du eine Richtlinie hast, wie Du Deinen Körper kreieren möchtest, laß Dir jetzt eine Vorstellung davon schenken, wie die DNS in Dir einen gesunden, lebendigen und pulsierenden Körper kreiert. Während das von alleine passiert, kannst Du Deinen Körper noch mehr entspannen, daß dieser Prozeß noch tiefer, noch unbewußter, noch automatischer wirkt. Und er wird Dich auch erinnern, jeden Tag und noch mehr als bisher – ganz automatisch, zwischendurch – Deinen Körper zu entspannen, sei es nur für einen kurzen Moment – indem er Dich während des Tages kurz anhält, Deinen Körper entspannt und Dich dabei erinnert, daß Du einen wunderschönen und gesunden Körper hast. Und Du wirst noch mehr als bisher wahrnehmen, wann es nötig ist, Deinen Körper zu entspannen – in unterschiedliche Positionen zu bringen, damit das Strömen und Fließen, das Vibrieren und Pulsieren, wie Du es gerade vorhin genannt hast, automatisch und natürlich möglich ist. Egal in welcher Position Du bist, wenn Du einatmest und ausatmest. Und mit jedem Atemzug steigert sich und wächst in Dir all diese Schönheit Deines Körpers. Mit jedem Atemzug ein bißchen mehr, ein bißchen natürlicher, selbstverständlicher. Und wenn Du Lust hast, nimm diese Vorstellung von Deinem wunderschönen und gesunden Körper und laß ihn hinaufschweben zum Licht. Und die Quelle und all diese Energie hineinfließen und sie lebendig werden lassen, diese Vorstellung von Deinem Körper.

Das alles geschieht automatisch bei jedem Einatmen – und mit jedem Ausatmen läßt Du los und schenkst es der Welt. Du kreierst es, wenn Du es einatmest und zur Quelle, zum Licht schickst und wenn Du ausatmest und es der Welt schenkst – ganz von allein. Und immer leichter wird es für Dich sein, den Körper so zu kreieren, wie Du es möchtest – immer noch ein bißchen besser. Und dann laß Dir irgendwie eine Vorstellung von Deiner DNS geben, daß alles kodiert wird in jeder Zelle, gemeinsam mit allen Qualitäten Deiner Quelle und Deiner Seele. Und wie Du mehr und mehr eine Idee davon bekommst, und auch dazu stehst und Dich freust, daß Du so bist, wie Du bist. Und Deine Zellen werden nur das übernehmen, was gut für Dich ist, was zu Dir paßt. Und falls Du etwas anderes dazugegeben hast, was nicht Deines ist, wird es von allein weggelassen. Nur wir Menschen wollen manchmal anders sein – in der Natur kommt es nicht vor, daß eine Tanne ein Kirschbaum sein will oder umgekehrt. Falls so etwas hineingerutscht ist, werden es Deine Zellen automatisch für Dich streichen.

Und jetzt möchte ich mit Deinem Höheren Selbst sprechen, das die direkte Verbindung zu Deiner Quelle ist für Dich, daß es aufpaßt, daß all das, was für Dich wichtig und richtig ist, jetzt auch mit dabei ist. Und ich möchte den Teil von Dir fragen – den Teil, der Dir sagen kann, was Du jetzt, heute, morgen, übermorgen tun kannst, um Deinen Körper noch mehr zu unterstützen, daß er noch schöner, noch gesünder wird. Laß die Antworten kommen, laß sie entstehen vor Deinem inneren Auge, spür sie, höre sie. Ein paar ganz spezifische Dinge, die Du in den nächsten Tagen tun kannst. Laß die Antworten entstehen – ob Du sie nun hören, spüren oder sehen kannst, spielt keine Rolle. Und welche Körperübungen Du machen sollst, die Dir ganz viel Spaß und Freude machen können, so daß Du jeden Tag darauf wartest, wann Du sie machen darfst – egal ob es Tanzen ist, oder Yoga oder ganz etwas anderes, was noch unterstützt und hilft, daß Dein Körper wunderschön und gesund ist, bleibt und noch mehr wird. Laß auch diese Antworten einfach hinzukommen. Vielleicht kommt eine ganz große Überraschung, vielleicht etwas, das Du schon machst, vielleicht noch etwas dazu, was so reizvoll sein kann, daß Du Dich täglich darauf freust – auf diese Minuten, darauf, Deinen Körper voll zu bewegen.

Und dann frag Deinen Körper, welches Essen er gerne hätte. Welches Essen Du noch dazutun kannst, hinzufügen kannst und welches Du eher streichen solltest. Welches Essen Dir helfen wird, um diese Vorstellung von Deinem Körper, Deiner Schönheit und Gesundheit noch leichter und noch natürlicher zu erreichen. Und stell Dir auch vor – wieder einmal – daß Dein Körper zu Dir spricht – und er spricht immer mit Dir und möchte immer mit Dir sprechen und macht sich bemerkbar – immerfort. Und er weiß auch, was nötig ist, um ihn wunderschön und gesund zu kreieren.

Hör Deinem Körper jetzt zu und frag ihn, ob er irgendeine Botschaft für Dich hat, die Dir noch helfen könnte und die Dich noch unterstützen könnte. Und Dein Körper hilft Dir, unterstützt Dich. Und spür jetzt all diese Liebe, die Dein Körper für Dich hat und was Du alles manchmal übersiehst – so daß er Dich kitzelt und stören muß und Dich damit aufmerksam macht. Und stell Dir jetzt einmal vor, daß Du mit Hilfe Deiner Quelle und Deines Höheren Selbst alle negativen Beliefs, die Du vielleicht noch hast, bezüglich Deines Körpers, bezüglich Deiner Fähigkeiten, einen gesunden, schönen Körper zu kreieren, jetzt bereinigen kannst. Du gibst jetzt in diese Beliefsysteme, die Dir noch im Weg stehen, die Quelle, Dein inneres Selbst, all Dein Licht, all die Farben und Töne Deiner Quelle hinein. Eine Transformation – ganz von allein. All diese Beliefs, die vielleicht in Deiner Aura rundherum um Dein Magnetfeld Flecken sind, übergibst Du jetzt Deiner Quelle. Dein Unbewußtes macht es – reinigt auch um Dich herum das Magnetfeld und neue Beliefs entstehen – ganz von allein – die Dir helfen zu glauben, zu wissen, daß Du die Fähigkeit hast, einen gesunden, schönen Körper zu kreieren, einfach indem Du eine Vorstellung, ein Gefühl kreierst und indem Du es losläßt, in das Universum, das es verstärkt und es in den richtigen Schritten wieder zu Dir zurückkommen läßt. Und ob Du sie erkennst, die neuen Beliefs oder nicht, spielt keine Rolle – Dein Unbewußtes weiß sie. Und eins nach dem anderen der neuen Beliefs, die zu Dir zurückkommen, transformiert und unterstützt alles Gesunde und Schöne – vibrierend und pulsierend. Und damit Du auch sicher sein kannst, daß das Unbewußte den Prozeß aufgenommen hat, laß Dir ein Symbol schenken.

Und wenn Du jetzt dieses Symbol hast, dann schau ihn Dir genau an, diesen neuen Körper – laß ihn vor Deinem inneren Auge entstehen und beobachte genau, wie Du da stehst, wie Du Dich bewegst, wie Deine Stimme ist, Dein Gesicht, Deine Körperhaltung, Dein Atem. Wie Du sprichst und in welchem Tempo Du Dich bewegst – und vielleicht hat Dein Körper sogar einen wunderbaren Duft. Und dann, wenn Du diesen Körper ganz deutlich vor Dir hast, dann steig jetzt einmal hinein in diesen Körper und vielleicht magst Du ihn Dir von unten nach oben anziehen – wie einen Taucheranzug oder wie eine zweite Haut – bis Du ganz drin bist und ganz zu dem geworden bist, was Deinen neuen Körper ausmacht. Und dann fühl mal hin, wie es Dir jetzt geht – und mit welcher Leichtigkeit Du jetzt da sein kannst. Und wie Dein Bewußtsein ganz neu und intensiv diesen Körper erlebt und genießt. Und laß Dir ganz viel Zeit zum Genießen und Spüren und Entdecken.

Und wenn es dann ganz ein Teil von Dir geworden ist, dieses neue Körpergefühl, dann nimm Dir Dein Symbol und komm ganz langsam und in Deinem Tempo und Deinem Rhythmus auf Deine ganz eigene Weise wieder hierher zurück. Getragen von dem Bewußtsein, von dem Gefühl, daß Dein Unbewußtes automatisch und ganz natürlich für Dich sorgt und Dir hilft, Deinen wunderschönen und gesunden Körper zu kreieren und zu genießen – jetzt und in der Zukunft – mit jedem Atemzug. Und Du weißt jetzt: „Es ist möglich!“ Und vielleicht magst Du Dir noch Musik machen und Dich auf Deine Art hineinbewegen in dieses wunderbare neue Körpergefühl. Und während Du Dich hineinbewegst, spürst Du dabei Deinen gesunden, lebendigen, wunderschönen Körper.

Eigene Gefühle und fremde Gefühle unterscheiden

Diese Reise fördert Deinen inneren Reinigungsprozeß, der es Dir möglich macht, Dich von bewußten und unbewußten Wesensanteilen und Gefühlen anderer in Dir selbst zu befreien.

Gerade, wenn Du viel mit anderen Menschen arbeitest, ist es wichtig, daß Du unterscheiden lernst, was Deines ist und was fremde Gefühle sind.

Und dann geh über die Schwelle an einen Platz, wo Deine Helfer da sind und all die Werte und die Energie Deiner Kraftquelle. Und diese Kraft, dieses Licht und diese Qualitäten läßt Du ganz intensiv durch Deinen ganzen Körper strömen.

Und wie mit einem Scanner findest Du zusammen mit Deinen Helfern ein fremdes Teil, ein fremdes Gefühl in Dir, das nicht zu Dir gehört. Vielleicht ist es ein sehr starker Teil, vielleicht ist er ganz versteckt. Und Du findest heraus, was für einen Vertrag Du mit diesem Teil hast, der ihm das Recht gibt, in Dir zu sein.

Und Du kannst Dich von diesem Teil jetzt verabschieden und ihn loslassen – indem Du ihn entweder zu der Person zurückgibst, zu der er gehört oder indem Du ihn ins Licht schickst. Und Deine Kraftquelle baut ihm dafür eine Brücke – und über diese Brücke schickst Du ihn mit jedem Ausatmen ein Stück weiter und läßt ihn noch mehr los. Und mit seinem Verschwinden spürst Du Deine Befreiung.

Und dann laß den Scanner noch weiter suchen und wiederhole diesen Vorgang jedesmal wieder, wenn Dein Scanner ein weiteres fremdes Gefühl findet. Und mit jedem Ausatmen und Loslassen wirst Du ein Stück leichter und freier und spürst, wie Dich dieses Loslassen mehr und mehr reinigt und Du zu Deiner Ganzheit bewußt „ja" sagen kannst.

Und erst, wenn Dein Scanner seine Arbeit ganz beendet hat und Du ganz frei geworden bist, dann komm zurück in diese Wirklichkeit und in diesen Raum.

Eigene Gefühle und fremde Gefühle unterscheiden

Wenn wir davon ausgehen, daß wir ein Teil vom Ganzen sind und in uns auch das Ganze ist, dann ist es wichtig, daß wir feststellen können, wann wir uns selber und die Prozesse in unserem Körper spüren, und wann wir etwas spüren, was zu jemand anderem gehört. Und wir können bewußt unsere Aufmerksamkeit auf das eine oder auf das andere richten. Manchmal passiert das aber auch völlig unbewußt und uns geht es nicht gut und wir versuchen herauszufinden, was das Problem sein kann. Das heißt, wir spüren das, was andere spüren.

Das kann passieren, wenn man mit anderen Personen arbeitet, daß man sich ganz in den anderen hineinversetzt und dann nicht mehr ganz zurückkommt zur eigenen Resonanz. Und plötzlich fühlt man sich schlecht und weiß nicht, daß das eigentlich vom anderen ist. Das kann absichtlich geschehen, wenn man sich bewußt in andere hineinversetzt, um herauszufinden, was deren innere Welt ist. Aber gerade auch dann ist es wichtig, daß man wieder ganz herausgeht.

Es kann aber auch passieren, daß man einfach auf der Straße geht und andere plötzlich auf irgendeine Art mit uns in Verbindung treten, und bei uns im Inneren ein Durcheinander entsteht, das uns schwerer und schwerer erkennen läßt, was jetzt unser eigenes ist. Wie dieser Prozeß genau abläuft, wissen wir nicht. Aber wenn Du Lust hast, kannst Du versuchen, Dich immer wieder zwischendurch zu reinigen. Und indem Du mehr und mehr Deine Resonanz kennenlernst, wirst Du immer leichter entdecken, wann fremde Energien und fremde Gefühle in Dir sind – fremde Teile.

Wir können unseren Körper jetzt als Ganzes sehen, das viele viele kleine Teile in sich hat. Viele Teile, die Du kennst und viele Teile, die Du nicht kennst. Und es kann auch sein, daß der Fokus auf Teile von außen gerichtet ist – andere Teile, andere Gefühle, die in uns sind. Und die geben wir immer und immer wieder dorthin zurück, wo sie hingehören. Und damit helfen wir mit, diese große Ordnung zu gestalten.

Und Du kannst jetzt für Dich finden, was Deine Teile sind und ob da andere Gefühle in Dir sind, die Du nicht mehr brauchst und die Dich hindern, Deinen Fluß voll in Gang zu halten. Und dazu kannst Du es Dir wieder ganz bequem machen und entscheiden, wie intensiv Du diesen Reinigungsprozeß jetzt in Dir geschehen lassen willst. Und Du entscheidest, wieviel Du herausfinden willst über die Verträge, die Du mit anderen hast, so daß sie mit in Deinem Inneren sein können. Und Du entscheidest auch, wie viele Analogien und Metaphern Du für Dich kommen läßt, über die Ganzheit in Dir und über die große Ganzheit – über die Teile in Dir und über die Teile von außen. So daß es für Dich stimmig ist.

Und atme tief ein und atme alles heraus, was Du nicht brauchst. Laß Deinen Körper zur Ruhe kommen, entspannen. Und laß Dich mitnehmen in diese andere Welt, über die Schwelle. Laß Dich mitnehmen in den Bereich, wo Du Dir ganz sicher bist und ganz voller Vertrauen sein kannst. Vielleicht ist es ein Raum, vielleicht ist es irgendwo in der Natur. Laß Dich mitnehmen. Ein Platz, der durchflutet ist von Deiner Kraftquelle – wo Schutz da ist für Dich. Ein Platz, in dem all Deine Helfer da sind – ob Du sie kennst oder nicht. Und laß Deinen inneren Heiler Deinen Körper jetzt heilen und anfüllen mit den wunderbaren Qualitäten Deiner Quelle. Mit dem Licht, den Farben, den wunderbaren Tönen. Laß alles zum Schwingen kommen. Und diese spezielle Frequenz, die Deine ist – ganz mit ihren speziellen Signalen, die für Deine Resonanz stehen – diese Frequenz laß jetzt kommen. Und spür sie bei den Zehen unten und laß sie wie eine Welle durch Deinen Körper ziehen – jetzt. Und indem Du ein- und ausatmest spürst Du es wie eine Welle von Deinen Zehen durch den ganzen Körper und Du wirst ruhiger und ruhiger. Und all die Farben und das Licht dehnen sich aus in Dir – liebevoll und zart. Alles kommt zur Ruhe und wird lebendig. Du kommst in Harmonie und Balance – ganz in Deinem Rhythmus. Und Du spürst, wie Dein Bauch sich anfühlt und Dein Brustkorb. Und Du spürst die Wirbelsäule hoch, wie sich die Wellen sanft ausdehnen und wie alles hell wird und zu schwingen beginnt – die Arme hinunter bis zu den Fingern. Und Du spürst, wie Dein Kopf sich anfühlt, die Augen, der Mund, die Wangen, die Ohren, die

Haare. Alles beginnt in dieser speziellen Schwingung zu vibrieren. Alle Zellen in Dir werden hell. Und dadurch beginnen sie auch miteinander zu vibrieren – auch die Räume zwischen den Zellen. Alles hell und licht. Es beginnt zu klingen und zu vibrieren, in Deinem Rhythmus, in Deinen speziellen Tönen, in Deiner Frequenz und in Deinen Farben. Ganz von allein, jetzt. Und mit jedem Atemzug mehr. Und mit jedem Ausatmen läßt Du mehr los, läßt es einfach geschehen – jetzt.

Und während Du das geschehen läßt, hüllt Dich, wie ein Schutzmantel, Deine Kraftquelle ganz ein und Du spürst die Gegenwart Deiner Helfer – in diesem sicheren Raum, der nur für Dich da ist. Und auf ganz wunderbare Art kannst Du Deinen Körper durchgehen – wie mit einem Scanner – und entdecken, wie und wo in Deinem Körper etwas ist, was nicht Deines ist. Ein fremder Teil, ein fremdes Gefühl, etwas, das nicht Dir gehört. Und Du kannst den Teil, der besonders dafür verantwortlich ist, bitten, diesen Scanner zu bedienen und die kleinsten Verstecke herauszufinden. Vielleicht sind es nur kleine Verstecke und kleine Teile, vielleicht nehmen aber auch einige Teile ganz viel Platz in Dir ein. Und das findest Du jetzt.

Und dann finde mal, wenn Du Lust hast, für den ersten Teil, für dieses erste Gefühl, das Du mit Deinem Scanner entdeckst, heraus, was Du für einen Vertrag hast mit diesem Teil. Wie ist der Vertrag, der es diesem Teil erlaubt, in Dir Platz zu haben? Denn nur wenn Du die Erlaubnis gibst, ist es anderen möglich, in Dir einen Platz einzunehmen. Und laß Dich treiben. Laß Dir zeigen, was der Vertrag ist und wann und wie Du Erlaubnis gibst, daß dieser Teil in Dir da ist.

Und es spielt keine Rolle, ob das ein Teil ist von jemandem der lebt, oder ob es ein Teil ist von jemandem, der schon gestorben ist. Beide können von Dir die Erlaubnis haben, ganz viel Platz in Dir einzunehmen. Und Du kannst aber auch für Dich entscheiden, ob Du Dich verabschiedest. Und es ist nicht so wichtig, ob Du genau alle Einzelheiten findest. Und wenn Du Lust hast, kannst Du Dir jetzt zeigen lassen, wann und in welcher Situation in der Vergangenheit

Du diesen Vertrag geschlossen hast und wie Du die Erlaubnis gegeben hast, daß dieser Teil in Dir ist.

Und Du kannst diesem Teil jetzt mitteilen, daß er zurückkehren kann zum Licht, oder zu dem Körper, wo er hingehört. Und indem er zurückgeht wird er frei und schenkt Dir Freiheit. Und dieser Platz in Deinem Körper kann Deine Schwingung annehmen. Und wenn Du so weit bist, kannst Du Dir vorstellen, daß es von diesem Platz aus eine Verbindung gibt, eine Brücke, hin zu Deiner Kraftquelle, hin zum großen Licht. Eine Brücke vielleicht wie ein Regenbogen, eine Brücke vielleicht wie ein Lichtstrahl – auf jeden Fall eine Verbindung. Und indem Du ein- und ausatmest, entscheidest Du, daß beim Ausatmen dieser fremde Teil, dieses Gefühl über die Brücke zur großen Kraftquelle geht und dort entscheidet, wohin es gehört und was es tun will.

Und Du entscheidest für Dich – jetzt. Und wenn Du so weit bist: Tief einatmen und beim Ausatmen loslassen. Und über diese Brücke kommt das fremde Gefühl nach Hause zum Licht. Einatmen und loslassen. Einatmen und loslassen – jetzt. Du kannst auch Töne machen beim Ausatmen.

Und spür, daß Du entscheidest – egal, ob der andere Teil will oder nicht. Und wenn er Dir noch etwas mitteilen möchte, bevor er geht, dann ist das in Ordnung – Du kannst es Dir sagen lassen. Und vielleicht bedankt Ihr Euch beide für das Gemeinsame, das Ihr hattet, und Ihr wißt, daß es jetzt beendet ist. Daß Du freier und gesünder Deinen Körper für Dich gestalten kannst und Deine Resonanz auch in diesem Teil Deines Körpers spüren kannst. Einatmen und loslassen. Jetzt.

Und während das von allein geht – mit jedem Atemzug ein bißchen mehr – und indem Du die Aufmerksamkeit darauf richtest und es für Dich bestimmst, kannst Du mit Deinem Scanner noch weiter durch Deinen Körper gehen und all die anderen Stellen finden, in denen noch fremde Teile sind. Und alle diese Teile kannst Du mit Deinem Atem über die Brücke zum Licht führen. Und vielleicht begleitest Du sie eine Zeitlang zurück zum Licht – jetzt.

Und Dein Scanner sucht für Dich ganz genau Deinen Körper durch und er kann ganz genau erkennen, welches ein fremder Teil oder ein fremdes Gefühl ist. Und diesen Teil verabschiedest Du. Dem sagst Du, daß er das Recht hat, selbst seinen Körper zu finden oder selbst ganz im Licht zu sein. Als Einheit. Und daß er Dich nicht mehr braucht – und daß Du ihn nicht mehr brauchst. Und der Vertrag, wie immer er auch war, wird jetzt gelöst. Und Du atmest ein und läßt los. Einatmen und loslassen. Und spür, wie Dein Körper mehr und mehr diese Reinigung wahrnimmt. Mehr und mehr. Und diese Wellen, die Deine Resonanz sind, finden natürlicher und natürlicher ihren Platz und Du kannst Dir auch vorstellen, daß ganz klares Wasser von einem Gebirgsbach, von einem wunderbaren Wasserfall, Dich durchspült und reinigt. Und alle Teile, die nicht Deine sind, findest Du und läßt sie ziehen – jetzt.

Du beobachtest, wie Deine Schwingung, Deine Farben, Dein Rhythmus oder Deine Vibration mehr und mehr Platz finden. Und während Du das bewußt mit dem Atem machst, bittest Du Dein Unbewußtes, daß es alle notwendigen Angleichungen trifft. Alle Beliefs, die Dich noch daran hindern, daß Du losläßt, entstehen jetzt neu, so daß Du noch harmonischer und balancierter bist und zu Deiner Ganzheit „Ja“ sagen kannst. Und Dein Unbewußtes macht es für Dich, während Dein Scanner für Dich die Teile findet, die eventuell nicht Deine sind. Und mit jedem Atemzug läßt Du mehr und mehr davon los. Und mehr und mehr macht Dir dieser Reinigungsprozeß bewußt, was es heißt, ganz Du selbst zu sein und in Deiner Resonanz zu vibrieren. Und wie Deine Helfer und Dein Unbewußtes alle notwendigen Angleichungen treffen – vielleicht jetzt, vielleicht dann, wenn es für Dich die richtige Zeit ist und der richtige Moment. Und Du kannst ganz bewußt diese Leichtigkeit spüren, die dieser Reinigung folgt. Wie nach einem wunderbaren Gewitter, wenn die Nebel sich lichten und Klarheit einkehrt. Wie ein Kristall, der in seinem Regenbogen erstrahlt, in einem Glitzern und Funkeln – wie neu gewaschen. Und Deine Ganzheit erstrahlt auf wunderbare Art ganz neu.

Und Du kannst hier noch bleiben und verweilen, solange Du magst. Und Du kannst Deinen Scanner noch weiter suchen und finden lassen, welche Gefühle und Teile da noch sind. Verweilen, so lange Du spürst, daß Dein Unbewußtes noch Angleichungen trifft, so daß es Dir noch leicht fällt, loszulassen und neue Beliefs und neue Gedanken für Deine Klarheit zu finden.

Und erst wenn Du so weit bist, verabschiedest Du Dich von all Deinen Helfern, verläßt diesen Platz, der für Dich Sicherheit darstellt und läßt Dich zurücktreiben über die Schwelle in die andere Wirklichkeit – dort, wo Du jetzt liegst. Und Du streckst Dich und dehnst Dich und tust alles, damit Du ganz in diesen Raum zurückkommst. Und wenn Du Lust hast, schreib Dir auf, was Du gefunden hast, oder dreh Dir Musik an und beweg Dich hinein – oder lauf einfach hinaus.

Spür in Bewegung diese Klarheit und diese Reinheit in Dir. Und wie in Dir ganz bewußt alles vibriert und pulsiert. Und Du spürst, wie Dir Deine Schwingung ganz bewußt ist – jetzt.

Eine Reise zu den Chakren

Diese Reise schenkt Dir ein Gefühl für Deinen Lebensfluß und für die Energien, die in den verschiedenen Chakren Deines Körpers fließen und die mit ihren vielfältigen Funktionen Deinen Körper, Deinen Geist und Deine Seele durchströmen und beleben. Und diese Energiezentren in Deinem Körper werden im Sanskrit mit dem Wort „Chakra" bezeichnet, was so viel heißt wie „Rad" oder „sich drehende Wirbel".

Du legst Dich entspannt hin, schließt die Augen und läßt Dich ganz durchströmen und erfüllen von Deinem Wert – z.B. in Liebe fließen oder in Freude lebendig pulsieren.

Dann nimmst Du der Reihe nach die Energiezentren – die Chakren – wahr, an der Stelle wo sie sind, in der Farbe, die sie repräsentieren und mit ihren Funktionen und Symbolen. Dazu bewegst Du Dich, wie durch ein Tor über die Schwelle in dieses Chakra hinein und in den Teil Deiner inneren Welt, der dort repräsentiert ist. Für alle fremden Teile und Gefühle, die Du dort noch findest, bittest Du Deine Quelle, sie für Dich zu heilen und wegzuschicken, bis Du ganz gereinigt bist. Wenn Du das einzelne Chakra wieder verlassen hast, verdichtet es sich auf ein Zentrum mit einigen Zentimetern Durchmesser und strahlt in seiner speziellen Farbe ganz intensiv, bis Du ganz davon umhüllt bist, wie mit einem Schutzmantel. So gehst Du Chakra für Chakra weiter:

- Das *Wurzelchakra* öffnet sich zwischen Anus und Genitalien nach unten in intensivem dunklem Rot und steht für die ursprüngliche Lebenskraft und die Verbindung zur Mutter Erde und der ganzen Schöpfung. Es schenkt Dir Festigkeit und Durchsetzungskraft.

- Das *Sakralchakra* öffnet sich eine Handbreit unter dem Nabel nach vorne mit kräftigem orangefarbenem Licht. Es steht für die schöpferische Lebenskraft, die Zeugungskraft und die Kreativität und es schenkt Dir Vertrauen in Deine schöpferischen Fähigkeiten.

- Das *Solarplexus-Chakra* liegt zwei Fingerbreit oberhalb des Nabels und öffnet sich nach vorne. Seine Farbe ist das goldgelbe Licht der Sonne und es steht für Deine eigene Mitte und Dein ganzes Sein, für Deine Kraft und für Deine Stärke. Es schenkt Dir die Fähigkeit, strahlend und licht Deine Persönlichkeit in die Welt zu verströmen.

- Das *Herzchakra* öffnet sich in der Mitte der Brust auf Herzhöhe nach vorne und strahlt in einem zartrosa Licht, umgeben von einem leuchtenden Grün und in der Mitte einem goldenen Kern. Es hüllt Dich und die anderen ein in die Schwingung von Liebe und Harmonie und schenkt Dir die Fähigkeit, Dich eins zu fühlen mit dem innersten Wesen aller Dinge und mit der Schwingung einer alles durchdringenden, bedingungslosen Liebe zu allem, was Dich umgibt.

- Das *Halschakra* hat eine größere Öffnung am Hals nach vorne und eine zweite, kleinere nach hinten. Es erstrahlt in transparentem hellblauem Licht und schenkt allem Raum, was in Deiner inneren und äußeren Welt existiert. Es schenkt Dir Freude daran, Dich ganz weit und frei zu fühlen, Dich mitzuteilen und Dich frei zu äußern und es gibt Dir die Fähigkeit, alles so annehmen zu können, wie es ist.

- Das *Stirnchakra* wird auch drittes Auge genant. Es öffnet sich oberhalb der Augenbrauen in der Mitte der Stirn nach vorne und erfüllt Dich mit tiefem dunkelblauem Licht. Es steht für die Fähigkeit zum inneren Schauen Deiner Visionen und schenkt Dir noch mehr Wachheit und Aufnahmefähigkeit für alles, was Dich umgibt.

- Das *Kronenchakra* öffnet sich oben in der Mitte des Kopfes nach oben und ist erfüllt von violettem und goldenem Licht und von strahlendem Weiß, das alle anderen Farben in sich vereint. Es erfüllt Dich mit diesem Licht und läßt Dich selbst zu diesem Licht werden um es hier in dieser Welt zu leben. Es führt Dich so zur Einheit mit der allgegenwärtigen Essenz des Lebens und mit dem göttlichen Sein.

Und dann laß all diese Energien noch eine Weile in Dir nachklingen und spür, wie intensiv der Schutzmantel geworden ist, der aus all den Farben besteht und der nur das durchläßt, was gut für Dich ist, ohne Dich dabei zu isolieren. Er hält nur ab, was destruktiv ist und was Dich hindert, zu sein, wie Du sein kannst. Und dann komm langsam und in Deinem Tempo wieder hierher zurück in diese Wirklichkeit und in diesen Raum.

Eine Reise zu den Chakren

Diese Reise schenkt Dir ein Gefühl für die verschiedenen Energien, die in Deinem Körper fließen und pulsieren und die mit ihren vielfältigen Funktionen Deinen Körper, Deinen Geist und Deine Seele durchströmen und beleben, so daß Du noch freudiger, noch bewußter und harmonischer schwingen und mit Dir selbst und anderen in Resonanz sein kannst. Und diese Energiezentren in Deinem Körper werden im Sanskrit mit dem Wort „Chakra" bezeichnet, was so viel heißt wie „Rad" oder „sich drehende Wirbel". Und Du kannst Dich jetzt auf den Weg machen, diese Chakren und ihre Energie für Dich zu entdecken.

Dann leg Dich ruhig hin, die Füße auseinander, so daß sie nicht überkreuz sind. Und mach es Dir einfach bequem, mit dem Ziel, wieder einmal für Dich zu entdecken, wie Du in Resonanz kommen kannst – in Schwingung. Und noch besser und noch leichter mit Deinem Wert in Kontakt bist. Mit der Erde, mit den Menschen, mit denen Du zusammenleben willst. Wie Du in Verbindung bist mit all dem. Damit all diese komplizierten chemischen, biologischen und anderen Prozesse in Deinem Körper im Fluß sind und Du gesund bist. So daß Du von innen heraus strahlst und all Deine Schönheit und Einzigartigkeit sichtbar ist, auf ganz natürliche Art. Und dadurch kann ein Heilprozeß in Deinem Körper stattfinden und es werden die Teile gesund, die Heilung brauchen. Und Du bist anziehend, interessant und gesund.

Du brauchst jetzt gar nichts tun, als nur loslassen und Dich fallen lassen. Vertrau Deiner natürlichen Heilkraft in Dir, Deinem natürlichen Fluß. Laß Deine innere Melodie klingen und gemeinsam werden wir sie noch einmal – oder wieder einmal – entdecken, so daß Du sie noch besser und leichter kennst und Zugang kriegst. Je mehr Du Dich bemühst loszulassen, desto schlechter wird es gehen. Laß Dich beschenken. Du brauchst auch nicht die Worte deuten, Du nimmst sie als Geschenk an. Was immer für Vorstellungen oder Gedanken oder Gefühle kommen, Symbole oder Klänge – laß sie kommen und nimm sie an.

Und falls Du noch nicht die Augen geschlossen hast, schließ sie jetzt und nimm einfach nur Deinen Atem wahr, während Du Dir noch einmal Deinen Wert sagst. Und diese verbale Sagen ist das Kommando für alles weitere, was Du bekommst. Geschenke dafür – zum Beispiel: in Liebe fließen, in Freude lebendig pulsieren. Was immer Dein ist, sag es Dir nochmal vor und das werden wir dann gemeinsam ein bißchen weiter entdecken.

Und mit jedem Atemzug atmest Du diese Untereigenschaften Deines Wertes ein – Licht, Farben, Töne. Und beim Ausatmen läßt Du sie überall dort hinfließen, wo noch Spannung ist – ganz natürlich und ganz von allein mit jedem Einatmen all diese Kraft Dir schenken lassen, die alles in Dir belebt – und ausatmen. Mit jedem Atemzug entspannst Du Dich ganz natürlich mehr und mehr, indem dieses Licht von Deinem Atem auch dorthin gebracht wird, wo noch Verspannung ist. Der Atem, der Dein Lymphsystem ankurbelt und das Immunsystem anregt. Ganz von allein kommst Du tiefer und tiefer in einen Zustand von innerer Ruhe und tiefem Frieden.

Und dann richte Deine Aufmerksamkeit auf das erste Energiezentrum, das sich von den Genitalien aus nach unten öffnet und verweile da – ohne Absicht und ohne Erwartung. Allein Deine Aufmerksamkeit, Dein Fokussieren bewirkt eine sanfte Belebung des Wurzelchakras und Du spürst, wie es langsam und stetig zu kreisen und in einem klaren und intensiven Rot zu glühen beginnt. Und gleichzeitig strömt eine warme und pulsierende Energie. Und bleib hier für eine kleine Weile in diesem kreisenden Strom ruhevoller Kraft und spür nun, wie sich die Energie Deines Wurzelchakras allmählich über Deinen Körper ausbreitet – überall hin. Und wie sie über das Blut in alle Zellen getragen wird und sie mit ruhiger Wärme und ursprünglicher Lebenskraft füllt. All die Zellen und auch die Zwischenräume, so daß sie miteinander vibrieren. Und gib Dich diesem ruhig pulsierenden Strom in Dir ganz hin, jetzt. Und Dein Wurzelchakra leuchtet und glüht nun in ebenso kräftigem Rot wie das Innere unserer Erde und Du spürst in ihm die gleiche und beständige Energie, die von dem innersten Kern unseres Mutterplaneten ausgeht. Und über Dein Wurzelchakra, tief in Deinem Bauch, erlebst Du die verborgene Kraft, die in der Erde wohnt und Du kannst sehen, wie sich Teile davon verfestigen. Wie sie die Landschaften unserer Erde formen, die Berge und die Kristalle, die Ebenen und die Täler, die Körper der Pflanzen, der Tiere und der Menschen. Und auch Dein Körper wurde aus dieser Kraft der Erde geformt und wird von ihr erhalten und ernährt. Und spür, wie Du auf das Innigste mit der Erde und ihren Geschöpfen verbunden bist. Wie diese lebendige, pulsierende Kraft, die in der Erde lebt und in allen Geschöpfen der Erde, auch in Dir pulsiert. Und laß es einfach geschehen – jetzt. Und eingebettet und geborgen in diesen ewigen Kreislauf der lebendigen Erde, vertraust Du Dich ganz ihren schützenden, nährenden und heilenden Energien an. Sie trägt Dich und sie erhält Dich jeden Tag. Sie gibt Dir Festigkeit und Durchsetzungskraft und erfüllt Dich mit unerschöpflicher Lebensenergie und Lebensfreude und Du weißt, wenn Du von dieser inneren Reise zurückkehrst, bist Du verändert: ruhig und gelassen und voller Kraft stehst Du im Leben, erfüllt von Dankbarkeit und Liebe für diesen wunderbaren Planeten, der Deine Heimat ist.

Und spür Deinen Erlebnissen jetzt nach und laß Dich beschenken, von dem was kommt, egal ob das Bilder sind, Symbole, Worte, Töne oder Gefühle. So wie es kommt, stimmt es für Dich und Du nimmst es an.

Und nun laß Deine Aufmerksamkeit zum zweiten Energiezentrum wandern, das sich eine Handbreit unter dem Nabel nach vorne öffnet und nimm diesen Bereich einfach nur wahr – ohne Erwartung und ohne Ziel. Und auch hier wieder, nimm wahr, wie einfach nur durch Dein Fokussieren und Deine Aufmerksamkeit dieses zweite Chakra belebt wird und Du ein feines Kreisen hier spürst, das viel fließender und lebendiger ist als beim Wurzelzentrum. Wie ein Strudel lebendigen warmen Wassers fühlt es sich an, wie ein kreisender Tanz fließender Energie. Während Deine Wahrnehmung dabei verweilt, beginnt Dein zweites Chakra in einem klaren orangefarbenen Licht zu leuchten, und all diese Schwingungen durchströmen Deinen Körper und vereinigen sich mit dem Kreislauf Deines Blutes und dem reinigenden Fluß Deiner Lymphflüssigkeit. Und Dein ganzer Körper wird zu einem einzigen, lebendigen Fließen, von dem Du Dich ganz erfüllen läßt und Du wirst empfänglich und weit für all die befruchtende Kraft dieses lebendigen Wassers. Und weiter dehnt sich das Fließen aus und strömt aus allen Poren heraus, bis es Dich ganz umflutet und umgibt. Es hüllt Dich ein und umschmeichelt Dich, trägt Dich und wiegt Dich sanft. Und Du spürst eine tiefe Geborgenheit und gibst Dich dem Streicheln und Wiegen dieses Wassers des Lebens ganz und gar hin. Wunderbare vergessene Gefühle werden wahr, wunderbare verschüttete Kanäle öffnen sich jetzt. Sie können diesem Strom des lebendigen Wasser nicht widerstehen. Aus allen Winkeln Deiner Seele strömt neues Leben in Dich hinein und je mehr Du mit Deinen Gefühlen fließt, desto größer wird der Strom des Lebens, der Dich durchflutet und umgibt. Und dieses lebendige Fließen dehnt sich weiter und weiter aus und wird zu einem Meer, dessen warmes Wasser Dich liebevoll schaukelt und trägt, während sich über Dir ein tiefblauer Himmel wölbt, über dem im Osten eine orangefarbene Morgensonne aufgeht, die wunderbare Lichtreflexe auf das Wasser zaubert, soweit Du schauen kannst, während ein warmer Regen leise herabfällt und überall auf der Erde sich Leben zu regen beginnt. Es ist fast so, als wärst Du zum ersten Morgen einer neuen Welt erwacht. Und Du kannst spüren, wie ein tiefes Glücksgefühl Dich durchströmt, das sich wie Wellen ausbreitet und das von Dir ausgehend über die ganz Erde. Und Dein Leben in Dir beginnt mit dem Leben der Schöpfung zu fließen, jetzt. Und eine Weile gibst Du Dich diesem Fluß des Lebens voller Vertrauen hin, läßt Dich in ihm treiben und erlebst all seine zeugende Kraft. Nimmst all die Geschenke an, die Dir gereicht werden. Und wenn Du zurückkehrst von Deiner Reise, weißt Du, daß dieses zweite Chakra eine Quelle befruchtenden Lebens ist, aus dem Du jederzeit schöpfen kannst. Nimm an, was Dir gereicht wird – jetzt.

Und dann laß Deine Aufmerksamkeit zum dritten Energiezentrum wandern, das einige Zentimeter oberhalb Deines Nabels liegt und verweile dort ohne Absicht und ohne Ziel. Und auch hier wieder bewirkt allein Deine Aufmerksamkeit eine sanfte Belebung des Solarplexus. Und hier spürst Du, wie ein lebendiges Licht, wie von einer warmen, goldgelben Sonne, Dich durchflutet und ein wunderbarer ruhiger Glanz von ihm ausgeht und Du hier mit der Kraft der

Sonne verbunden bist. Mit dieser unerschöpflichen Quelle des Lichts für unsere Welt. Hier tankst Du ihre lebenspendende Wärme und lichtvolle Energie und Du spürst, wie dieses Licht von dem Zentrum in Deiner Körpermitte aus Dein ganzes Sein erfüllt. Geh ganz hinein in dieses Leuchten. Laß es geschehen und erlaube ihm, daß es Dich verwandelt. Daß es Deine Gefühle läutert und alle Deine Emotionen durchstrahlt und erhellt – bis nur noch Frieden, Kraft, Freude und goldene Fülle in Dir wohnen. Und wie eine Sonne strahlt das Licht nun über Deinen ganzen Körper hinaus in Deine Umgebung. Du erlaubst ihm, daß es auch Dein äußeres Leben verwandelt – es erhellt Deine Welt und zieht auf allen Ebenen Fülle und Glanz herbei. Und Du weißt, wenn Du zurückkehrst von dieser Reise, gestaltest Du Dein Leben aus diesem lichtvollen Zentrum des Friedens, der Kraft und der Freude. Aus Deiner inneren Mitte heraus. Und Du erlaubst und laßt geschehen, daß Du zu einem strahlenden Wesen für Deine Umgebung wirst. Für Menschen, Tiere und Pflanzen. Für alles, was Dich umgibt. Und laß es nochmal geschehen und nimm an, was Dir gereicht wird.

Und dann laß Deine Aufmerksamkeit zum Herzzentrum wandern, das sich in der Höhe Deines Herzens in der Mitte der Brust nach vorne öffnet. Nimm diesen Bereich einfach nur wahr – ohne Erwartung und ohne ein Ziel. Und nimm auch hier wieder wahr, wie allein Deine Aufmerksamkeit das Herzchakra belebt und es in einer sanften Energie zu schwingen und zu strahlen beginnt, in einem rosafarbenen Glanz mit einem Rand aus leuchtendem Grün – es sieht fast aus wie eine zarte, halb geschlossene Blüte aus Licht, die in einen grünen Blätterkranz eingebettet ist. Und während Du dort mit Deiner Aufmerksamkeit verweilst, spürst Du, wie die Blüte sich langsam und sacht zu öffnen beginnt – bis sie in ihrem Inneren ein goldenes Herz offenbart. Und diese Blüte bist Du. Bei dem Anblick ihrer zauberhaften Schönheit wirst Du ganz weit und ganz still. Eine sanfte liebevolle Strahlung geht von der Blüte aus, erfüllt Dich und hüllt Dich ein in eine Schwingung von Liebe und Harmonie. Du fühlst Dich fast wie von Engelshänden getragen und in Deinem tiefsten inneren Sehnen nach Liebe verstanden. Dieser Sanftheit und dem liebevollen Verstandensein gibst Du Dich ganz hin – jetzt.

Und immer schöner und strahlender wird die Blume Deines Herzens. Ganz tief in ihrem Innersten, in ihrer goldenen Mitte, fühlst Du eine wunderbare Freude aufsteigen, ein Lächeln, ein inneres Glück. Und geh ganz in diese Herzensmitte hinein, in dieses Glück, in diese Freude, in dieses Lächeln. Es ist ein Tor zu einer anderen Ebene Deiner Welt. Und Du kannst hier leben wie eine Schwingung der Liebe, die die ganze Schöpfung durchzieht. Und Du fühlst Dich mit dem innersten Wesen aller Dinge verbunden. Und ruhe hier eine Zeitlang in dieser Schwingung, in dieser alles durchdringenden Liebe. Nimm alle Geschenke an und erlaube, daß diese Liebe Dich immer in Deinem Leben begleitet. Und spür noch ein bißchen nach und nimm an – auf Deine Art.

Und dann richte Deine Aufmerksamkeit ganz behutsam auf Dein Halszentrum, das eine Öffnung nach vorne und eine zweite, kleinere Öffnung nach hinten aufweist. Nimm diesen Bereich einfach nur wahr – ohne Erwartung und ohne Ziel und stell auch hier wieder fest, wie allein Deine Aufmerksamkeit dieses Halschakra belebt. Und Du kannst spüren, wie es in einer unendlich feinen Energie zu vibrieren beginnt und in einem transparenten hellblauen Licht erstrahlt. Es ist, als ob sich ein Stück hellblauen Himmels hier niedergelassen hat. Und laß zu und laß geschehen, daß diese leuchtende und klare Schwingung jegliche Enge in Deinem Halschakra löst – ganz von allein. Das himmlische Blau strahlt von hier aus in Deinen Geist und in Deine Seele hinein und Du wirst licht und weit, wie das Himmelsgewölbe, das sich über Dir öffnet. Du gibst allem Raum, was in Deiner inneren und äußeren Welt existiert, so wie der unendliche Himmel des Lebens allem Raum gibt. Allen Sternen, allen Planeten, allen Sonnen. Alles in Dir erhält genauso seinen Platz. Manches vergeht und Neues entsteht. Und Du läßt diesen Tanz des Lebens in der wunderbaren hellblauen Weite Deines Seins geschehen. Alles darf sein, wie es ist. Und alles darf kommen und gehen. Und in diesem Bewußtsein fühlst Du Dich heil und ganz. Und spür, wie ein tiefes Glücksgefühl Dich erfüllt – in diesem weiten Himmelsraum in Dir. Und Du wirst ganz still und lauschst nur hinein in diesen unendlichen Raum und laß geschehen, daß Du zu einem Kanal für die Botschaften wirst, die Deine Seele hier empfängt. Und wenn Du später zurückkehrst, von Deiner Reise, trägst Du ein Stück des Himmels in Dir und Dein Leben ist offen und weit. Laß Dich jetzt noch für einen Moment beschenken und was immer Dir gereicht wird, nimm es an auf Deine Art – natürlich und selbstverständlich.

Und nun richte Deine Aufmerksamkeit auf das Stirnchakra, das sich oberhalb der Augenbrauen in der Mitte der Stirn nach vorne öffnet. Nimm diesen Bereich einfach nur wahr – ohne Absicht und ohne Ziel und nimm wahr, wie allein Deine Aufmerksamkeit das dritte Auge belebt. Und wie es beginnt, in einem klaren, violett-blauen Licht zu leuchten. Und Du gehst hinein in dieses Licht – ganz – wie in einen Tunnel. Laß Dich von seiner ruhigen Strahlung durchdringen und geh weiter, laß Dich mitnehmen. Je weiter Du gehst, desto stiller wird es in Dir. Deine Gedanken bleiben zurück. Es gibt nichts – nur dieses tiefe, strahlende, violett-blaue Licht. Und seine Schwingung macht Dich ruhig, empfänglich und weit. Du näherst Dich nun der Quelle des Lichts – dem Ursprung, aus dem heraus es strahlt und alles in Dir belebt. Es ist ein Ort der Stille – ohne Grenzen und ohne Zeit. In dem alles Wissen wohnt. Sei einfach nur wach hier und bereit. Werde zum inneren Schauen und verweile eine Zeitlang so. Was immer an inneren Bildern, Empfindungen und Erlebnissen zu Dir kommt, laß es geschehen. Und Du weißt, wenn Du von dieser Reise zurückkommst, gehst Du mit größerer Wachheit durchs Leben. Mit einer stillen Offenheit für die verborgene Wahrheit hinter den äußeren Erscheinungsformen der Welt. Laß es nachklingen und spür es. Laß Töne und Melodien kommen, Geschenke, Bilder oder Symbole und nimm sie an.

Und dann richte Deine Aufmerksamkeit auf das Kronenchakra, das sich über Deinem Kopf nach oben öffnet. Verweile auch dort eine Zeitlang ohne Absicht und ohne Ziel. Und auch hier öffnet Deine Aufmerksamkeit wieder ganz langsam und sacht dieses Tor. Und ein lilafarbenes Licht strahlt in ihm, wie aus der Tiefe eines leuchtenden Amethyst. Und laß Dich ganz von ihm und von diesem tiefen Leuchten erfüllen. Es ist fast so, als ob Du eine heilige Stätte betrittst – einen Tempel aus lilafarbenem Licht. Alles Alltägliche bleibt zurück. Der Glanz dieses Lichts erhöht die Schwingung in Deinem

Körper, in Deiner Seele und in Deinem Geist. Es läutert und reinigt Dich und hebt Dich empor. Bereitet Dich vor, macht Dich empfänglich und weit. Und in diese Empfänglichkeit ergießt sich ein noch strahlenderes Licht, das alle Farben in sich einschließt und gleichzeitig rein und vollkommen ist. Es scheint aus dem innersten Wesen aller Dinge heraus zu strahlen. Es ist absolut still und enthält dennoch alle Musik in sich. Es ist voller Ruhe – wie der Augenblick vor dem Sonnenaufgang – und birgt dennoch den Glanz und den Tanz allen Lebens in seinem schimmernden Licht. Jede Faser Deines Seins wird davon durchflutet, bis nichts mehr bleibt, als reines, vollkommenes Licht. Und Du wirst nun selbst zu diesem Licht. Strahlend hell, vollkommen und rein. Die Grenzen zwischen innen und außen haben sich aufgelöst und Du bist eins mit der allgegenwärtigen Essenz des Lebens, mit dem göttlichen Sein. Ruhe darin ohne Wünschen und Worte. Nimm all diesen Frieden auf und laß ihn geschehen. Hier bist Du zu Hause – hier bist Du eingebettet, geborgen und getragen. Hier bist Du am Ziel Deiner Reise. Und ein tiefes Gefühl des Glücks und der Dankbarkeit durchflutet Dich wie ein Woge auf dem Ozean des Seins. Laß Dich treiben und laß Dich nun mitnehmen. Und wenn Du zurückkehrst zu Deinem täglichen Leben und Dasein, wird etwas von diesem wunderbaren Licht und dieser wunderbaren Ruhe und dem Frieden in Dir weiterleuchten. Und laß es geschehen, daß es Dein Leben und Deine Welt mit seinem Glanz durchflutet und durchstrahlt. Und spür nun Deinen Erlebnissen eine Weile nach. Diesen Erlebnissen, diesen Frequenzen und Schwingungen, diesem Licht, diesen Melodien. Und laß Dich beschenken.

Und ganz langsam richtest Du Deine Aufmerksamkeit wieder auf Deinen Körper jetzt hier. Atme ein paar Mal ganz tief durch. Streck Dich und dehn Dich, öffne die Augen und leg Dir Musik auf, wenn Du Lust hast, und beweg Dich dazu. Laß Deinen Körper Bewegungen finden, die dazu passen. Zu dem, was Du jetzt hast. Und spür jetzt nochmal bewußt dieses Fließen und Pulsieren in Deinem Körper, dieses Vibrieren und Strömen, oder wie immer Du das nennst. Wie Dein Wert in Dir lebendig ist – jetzt. Nicht indem Du Dich sehr plagst, sondern indem Du losläßt und Dich hineinfallen läßt.

Und Du erlebst, wie jedes Zentrum in Deinem Körper Funktionen hat und Dich reich und vielfältig macht. Und sei neugierig – und spür, wie die Neugierde kommt – welche Bewegungen, welche Vielfalt von leichten spielerischen Bewegungen jetzt dazukommen. Und die Musik wählst Du. Und nimm Dir soviel Zeit, wie Du brauchst zum Nachklingen. Und dann streck Dich und dehn Dich und komm ganz hierher zurück. Mach die Augen auf und schau, was um Dich herum da ist – wo Du bist und was Dich umgibt.

Six-Step-Reframing

Die Botschaft Deiner Krankheit

Bei dieser Reise nimmst Du Kontakt auf zu einem kranken Körperteil oder einem negativen Verhalten und lernst verstehen, welche positive Absicht sich dahinter verbirgt und was Dir dieses Teil damit signalisieren will.

Und während Du es Dir bequem machst und mehr und mehr entspannst, gehst Du auf eine Reise durch Deinen Körper – als rotes Blutkörperchen oder mit einem winzig kleinen Fahrzeug – und diese Reise führt Dich von Deinen Zehen bis zu Deinem Kopf und Du entdeckst all die Knochen, Sehnen, Nerven und inneren Organe in Dir.

Und dann nimmst Du Kontakt auf zu Deiner kranken Stelle oder zu dem negativen Verhalten und bittest es, Dir seine positive Absicht mitzuteilen. Und wenn es Dir oder dem Teil leichter fällt, kann es auch einen Vertreter senden, der stellvertretend mit Dir spricht.

Und wenn die positive Absicht bekannt ist, kommt der kreative Teil dazu, der viele neue Vorschläge macht, wie diese positive Absicht auch auf andere Weise zu erreichen wäre. Und er darf erfinden, was er mag – es gibt keine Grenzen für ihn.

Und aus der Fülle der Vorschläge wählst Du gemeinsam mit dem Teil oder seinem Vertreter jetzt drei Vorschläge aus, die Ihr Euch genauer anschaut.

Und der Teil wählt daraus den Vorschlag, der ihm am bestem gefällt. Anschließend wird der ganze Körper gefragt, ob er mit dieser Alternative einverstanden ist und wenn auch da die Zustimmung kommt, dann gehst Du ganz in dieses neue Verhalten und in diese Alternative hinein und spürst, wie gut es Dir da geht.

Und zusammen mit dem Teil und mit Deinem Körper genießt Du das neuen Gefühl und vereinbarst bei Bedarf noch eine Probezeit für dieses neue Verhalten.

Und nachdem Du Dich bei allen Teilen für ihre Mithilfe bedankt hast, verabschiedest Du Dich und kommst wieder hierher zurück in diesen Raum und zu Deinem Platz, wo Du gerade bist.

Six-Step-Reframing

Die Botschaft Deiner Krankheit

Mach es Dir jetzt erst einmal ganz bequem – Du kannst Dich dazu hinsetzen oder hinlegen. Vielleicht hast Du schon Erfahrung damit, eine Körperhaltung zu finden, die es Dir möglich macht, Dich ganz zu entspannen und loszulassen, ohne daß Du dabei gleich einschläfst: ein Zustand, in dem Dein Körper ganz entspannt und frei ist, Dein Geist aber ganz wach und bewußt ist. Und dann spür jetzt einmal Deinen Körper – hast Du bemerkt, wie leicht es ihm fällt zu wissen, was Du mit „entspannt" meinst? Wie er sich von ganz alleine genau so organisiert, wie es für ihn am besten ist? Und wenn Du Lust hast, lade ich Dich jetzt zu einer Reise durch Deinen Körper ein. Stell Dir einmal vor, Du bist in einer winzig kleinen Kapsel mit Fenstern oder Du bist ein rotes Blutkörperchen, das in Deinen Adern durch Deinen ganzen Körper reisen kann.

Und so beginnt Deine Reise beim großen Zeh – mit seinen Knochen, seinen Muskeln und Sehnen, mit seinen Blutbahnen und Nervenleitungen. Von dort kommst Du jetzt auch zu Deinen anderen Zehen – jeder ein bißchen kleiner als der vorherige. Und weiter geht es durch Deinen Fuß, Deine Fersen und Deine Waden zu den Knien. Wo liegen Deine Beine auf dem Boden auf, wo ist ein Abstand da – und wieviel Abstand? Und weiter geht es über die Kniegelenke und Oberschenkel zu Deinen Hüften und zu Deinem Gesäß. Du siehst die Knochen und Muskeln und Du spürst vielleicht sogar, wie allein schon Deine liebevolle Aufmerksamkeit jeder dieser Stellen hilft, noch mehr loszulassen und noch mehr zu entspannen, bis alle Gelenke, Sehnen und Muskeln ganz leicht und locker sind. Du hörst das Blut in Deinen Adern pulsieren und fühlst, wie Deine Nervenbahnen nur noch ein wohliges, entspanntes und ruhiges Rauschen und Summen weiterleiten. Und wo immer in Deinem Körper es eine Stelle gibt, die noch dunkel ist, die Schmerzen oder Verspannungen meldet, geh mit Deiner ganzen liebevollen Aufmerksamkeit dort immer besonders intensiv hin, bis es mit jedem Ausatmen ein Stück leichter wird dort.

Und jetzt geht Deine Reise weiter, der Wirbelsäule entlang hinauf, und Dir wird bewußt, wie sie gebogen ist, wo es Berührung mit dem Stuhl oder mit dem Boden gibt, wo sie härter ist und wo sie elastischer ist. Und an diese härteren Stellen kannst Du wieder ganz liebevoll hingehen und ihnen ganz viel Zuwendung geben und dort hinatmen, bis Du entdeckst, wie auch diese Stellen mehr und mehr loslassen und entspannen. Und dann bewegst Du Dich einmal bewußt durch Deinen Bauchraum, Deine Geschlechtsorgane, den Darm, die inneren Organe, den Magen bis hinauf zur Lunge. Und beobachte einmal bewußt, wo es in Dir überall atmet. Ist das nur ganz oben im Brustkorb, wo sich die Rippen weit öffnen und wieder loslassen oder setzt sich die Bewegung noch fort im Bauchraum, so daß sich auch die Bauchdecke hebt und senkt? Und ist das ruhige und entspannte Schaukeln Deines Atems vielleicht sogar noch im Bereich Deines Beckens zu spüren, wo sich in der Lehre von den Chakren die Ur-Lebenskraft und die schöpferische Fortpflanzung des Seins manifestiert? Und wieviel Energie bringt Dein Atem dort hin und wieviel Energie kann von dort in Deinen ganzen Körper strömen? Und auch jetzt bleibst Du überall dort mit Deiner liebevollen Aufmerksamkeit und Achtsamkeit ein wenig länger, wo Dein Körper Dir zeigt, daß er Probleme hat und er läßt mit Deinem Atem ganz viel Liebe und Gesundheit dort hinströmen.

Und dann geht Deine Reise weiter zu Deinen Schultern und Deinem Nacken. Wie frei und locker sind die Knochen und Sehnen und Muskeln in diesem Bereich? Und gibt es dort vielleicht mehr Stellen, die Dir hart erscheinen oder sich verspannt anfühlen? Wieviel und wie oft mußt Du untertags „den Kopf einziehen“ oder alles „auf Deinen Schultern lasten lassen“? Und dann probier jetzt einmal, an all diese verspannten Stellen in Deinem ganzen Körper Licht zu senden. Licht in einer Heilfarbe, Licht in einer Farbe, von der Du weißt, daß sie diesen Stellen helfen kann. Und vielleicht sendest Du auch ein sanftes Schwingen und sanfte Töne, bis Dein Körper ganz leicht und frei und entspannt wird.

Und während Du das noch machst, entdeckst Du auf Deiner Reise, daß auch Dein Kopf ganz leicht und entspannt geworden ist – die

Stirn, die Augenlieder, die Wangen, die Zunge und der Kiefer. Alles entspannt und gelöst, friedvoll und ruhig, kraftvoll und strömend.

Und so kannst Du nun Deine Reise durch den Körper abschließen und Kontakt aufnehmen zu der Stelle in Deinem Körper, von der Du Dir vor Deiner Reise vorgenommen hast, Dich einmal genauer mit ihr zu beschäftigen. Sei es weil sie schmerzt, oder weil dort eine Krankheit sitzt, deren Botschaft Du verstehen lernen willst. Und wenn es ein Gefühl oder ein Verhalten ist, das Dich stört oder das Du verändern möchtest, dann geh zu der Stelle in Deinem Körper, von der Du weißt, daß dieses Verhalten dort seinen Ursprung hat. Und nimm jetzt noch einmal genau mit dieser Stelle ganz bewußt und ganz liebevoll Kontakt auf – begrüße sie auf Deine ganz persönliche Art noch einmal und laß sie wissen, daß Du gekommen bist, um für Euch beide neue und bessere Wege des Zusammenseins zu finden. Und diese Stelle nimmt Deine liebevolle Zuwendung an. Sie versteht, daß Du gekommen bist, um von ihr zu erfahren, welche positive Absicht sich hinter ihrem Verhalten verbirgt und was sie veranlaßt, sich so zu verhalten.

Und dann frag sie, ob sie bereit ist, mit Dir in Kontakt zu treten und Dir ihre positive Absicht mitzuteilen. Und vielleicht mag diese Stelle nicht direkt mit Dir reden, dann bitte sie, einen Sprecher für sie zu senden, der in ihrem Namen und für sie reden wird. Und wann immer wir ab jetzt im Gespräch mit dieser Stelle sind, kann es genauso gut der persönliche Vertreter dieser Stelle sein, wenn das für Euch beide die bessere Lösung ist.

Und so beginnst Du jetzt mit der Frage, welche positive Absicht sich hinter diesem Verhalten oder dieser Krankheit verbirgt – und Du findest Deinen ganz persönlichen Weg, diese Botschaft zu empfangen – egal ob in Worten oder in Bildern oder vielleicht in Form eines Gefühls. Und Du fragst das ganz ehrlich und die Stelle spürt Deine ernste Absicht, wirklich etwas zum Gutem wenden zu wollen – und so empfängst Du die Botschaft – jetzt.

Und was immer es ist, was da jetzt kommt, Du nimmst es einfach an und kannst es erst einmal so stehen lassen – als Geschenk und Botschaft dieses Teils von Dir.

Und dann bitte jetzt einmal Deinen kreativen Teil, dazuzukommen und Vorschläge zu machen, was ihr verändern könnt, um die positive Absicht auf neue und bessere Weise zu erreichen. Und dieser kreative Teil darf drauflos phantasieren, wie es ihm Spaß macht. Er darf lustige und verrückte Ideen haben, Ideen, die ganz und gar absurd scheinen – egal was. Er macht erst mal ganz viele verschiedene Vorschläge und hat ganz viele Ideen, die Ihr Euch einfach erst einmal anschaut. Und so findet Ihr jetzt mindestens drei verschiedene Ideen, bei denen Ihr Lust habt, sie Euch genauer anzuschauen.

Und aus diesen drei Vorschlägen wählt die Stelle jetzt den Vorschlag aus, der ihr am besten gefällt und von dem sie den Eindruck hat, daß er ihrer positiven Absicht am besten entspricht. Und wenn die Stelle oder Du noch etwas ändern oder ergänzen wollt an dem Vorschlag, dann laßt es den kreativen Teil wissen – und der wird die Idee solange immer wieder ergänzen und verändern, bis sie Euch vollkommen gefällt.

Und dann zeigt Ihr diese Idee Deinem ganzen Körper und fragt ihn, ob alle Teile des Körpers und des Gefühls sich mit diesem Vorschlag anfreunden können. Und wenn Du auch von dort das O.K. hast, dann geh einmal ganz hinein in diesen neuen Zustand, in dieses neue Gefühl oder Verhalten. Schau Dich um, wie es Dir da geht, was Du siehst und hörst, was Du spürst und wie gut es Dir da geht. Und wie Du mit spielerischer Leichtigkeit in dieses neue Verhalten hineinkommst, wann immer sich so eine Situation ergibt. Und wie gut es Deinem Körper damit geht. Wie ruhig und leicht diese Stelle sein kann, die bisher immer dafür zuständig war, Dir ein Warnsignal zu schicken. Und vielleicht magst Du mit dieser Stelle noch eine Probezeit vereinbaren, in der Ihr dieses neue Verhalten ausprobiert. Und vielleicht wollt Ihr auch ein Signal oder Symbol vereinbaren, das dieses Teil Dir immer dann schickt, wenn Du in eine entsprechende Situation kommst, so daß Du dann ganz liebevoll und spielerisch daran erinnert wirst, was Ihr vereinbart habt und Du noch leichter und sicherer in Dein neues Verhalten hineinkommst.

Und so genießt Du zusammen mit dieser Stelle und mit Deinem ganzen Körper Deine neugewonnenen Möglichkeiten, Deine ungeahnten neuen Fähigkeiten und die Leichtigkeit und Freiheit Deines neuen Handelns. Ein Handeln, bei dem Du ganz Du selbst sein kannst, mit allen Deinen Fähigkeiten und Werten. Mit allem, was für Dich wichtig ist und was Dir Freude macht. Und Du spürst die neue Leichtigkeit und innere Ruhe in Deinem ganzen Körper, der nun nicht mehr schmerzhafte Signale oder unerwünschte Verhaltensmuster senden muß, damit Du spürst, was für ihn und für Dich richtig und wichtig ist. Du genießt die Gesundheit Deines Körpers und Deines Geistes, die Lebensfreude und Lebenslust. Und dann schau Dir einmal an, wie es den Menschen in Deinem Umfeld damit geht. Wie sie sich freuen an Deiner neu gewonnenen Sicherheit und Lebensfreude. Wie sie sich freuen über Deine Gesundheit und Deine innere Kraft und Ruhe. Und wie Ihr liebevoll und spielerisch diesen neuen Weg geht. Den Weg, der ganz Deiner ist und der Dir innere Harmonie und Freude schenkt.

Und dann bedank Dich noch einmal bei allen Teilen, die Dir geholfen haben: der Stelle, mit der Du in Kontakt warst, dankst Du für ihre Botschaft – dem kreativen Teil dankst Du für seine guten Ideen und bei Deinem ganzen Körper kannst Du Dich dafür bedanken, daß er für Dich da ist und Dir ein Leben nach Deinen Bedürfnissen ermöglicht.

Und wenn es dann für Dich gut ist, dann verabschiede Dich von diesen Teilen, die wieder ganz integriert werden in Deinen Körper und spür diesen Körper wieder, wie Du da sitzt oder liegst. Du hörst wieder bewußt die Geräusche in diesem Raum und spürst, wie entspannt Dein Körper ist. Und was sich da in Deinem Körper und in Deinem Gefühl verändert hat. Und während Du Dich noch streckst und dehnst – Dich räkelst wie eine Katze nach einem erholsamen Schlaf – spürst Du da in Dir schon die ganze Energie und Vorfreude darauf, Deinen neuen Weg ganz bewußt und sicher und kraftvoll zu gehen.

Teilpersönlichkeiten annehmen – Reframing

Mit dieser Reise kannst Du Deine Teilpersönlichkeiten noch mehr zu Deiner Lebensaufgabe führen und sie von Deiner Quelle heilen lassen.

Und nachdem Du entspannt hast, kommst Du auf eine Blumenwiese, die voll ist von verschiedenen und unterschiedlichen Blüten – und Du läßt Dich von Deiner Kraftquelle ganz einhüllen.

Und dann kannst Du Kontakt aufnehmen zu dem Teil, den Du Dir vom Unbewußten schenken läßt oder den Du schon vorher ausgewählt hast und der Dir Schwierigkeiten macht, sei es weil er sich als Krankheit äußert, oder weil er Dich zweifeln läßt, oder weil er Dir als innere Stimme Lebensfreude und Lebenskraft nimmt.

Und nachdem Du ihn Dir genau angeschaut hast und ihm viel Liebe geschickt hast, während er auf Dich zukam, gehst Du mit ihm auf einen Berg.

Auf diesem Berg siehst Du rund um Dich herum Deinen Lebensauftrag und Dein Leben ausgebreitet.

Und dort fragst Du ihn, ob er bereit ist, neue Möglichkeiten auszuprobieren, mit denen er sich noch leichter und besser in diesen Lebensplan eingliedern kann.

Deine Quelle kommt zu Euch – so wie sie ist, oder als Person mit den gleichen Qualitäten – und der Teil geht zu ihr. Und während Du es Dir bequem machst, kannst Du zuschauen, wie die Quelle diesen Teil heilt, so daß er licht wird und zu einem wunderbaren Wesen.

Geheilt kommt der Teil wieder zu Dir zurück – vielleicht wird er auch zu einem Symbol. Und Deine Quelle hilft Dir, daß Ihr beide zusammenfließt.

Und dann kommen rund um den Berggipfel herum auch all die anderen Teile auf Dich zu, die auch Heilung brauchen – einer nach dem anderen – und die Quelle heilt sie.

Und dann laß es geschehen, daß alle diese Teile zusammenfließen und eins werden – eine Gesamtheit, in der jeder seinen Platz hat und doch alle zusammen sind und sich nicht gegenseitig stören.

Und nachdem Du gespürt hast, wie all das Neue in allen Deinen Zellen codiert wird, gehst Du einen Monat in die Zukunft und betrachtest, wie es Dir ergangen ist – für Dich selbst und mit den anderen, die diese Veränderung bei Dir erlebt haben. Und wie Du ihnen auch Zeit lassen konntest, sich auf Dich neu einzustellen.

Und dann laß Dich noch einmal ganz erfüllen und heilen von diesem neuen Gefühl, bevor Du wieder zurückkommst in diesen Raum.

Teilpersönlichkeiten annehmen – Reframing

Wenn Du entschieden hast, mehr und mehr in Deinem Wert zu leben – in Dir und mit anderen zu fließen und in Resonanz zu sein – dann willst Du auch allen Teilen in Dir, allen Teilpersönlichkeiten, das Licht, die Farben und Töne und Gerüche bringen, die Du von Deiner Quelle kennst. Und Du schenkst sie allen Teilen, die noch nicht ganz die Qualitäten der Quelle haben.

Und manchmal zeigen sich diese Teile als Körpersymptome, manchmal als Zweifel, manchmal als Widerstand oder als innere Stimme, die Dir unangenehm ist und die Dich daran hindert, frei zu leben – so wie Du es möchtest. Du kannst diesen Text verwenden, wenn sich ein Körpersymptom meldet, wenn Du zweifelst und weniger leicht Freude daran hast, Deine Werte lebendig mit anderen zu leben.

Dieser Prozeß ist powervoll und bringt alle Qualitäten Deiner Quelle in Dich, in Deine Teilpersönlichkeiten, die Dir dann helfen, noch lebendiger zu sein und noch leichter und lebendiger zu fließen, zu strömen und in Resonanz zu sein. So daß es Dir noch leichter fällt und Du noch bewußter und gleichzeitig automatischer mit Leichtigkeit Deinen Wert leben kannst und ihn um Dich herum verschenkst und damit auch Deinen Beitrag leistest für das Gesundwerden der Erde und für Frieden.

Deine Persönlichkeit und Deine Identität besteht aus vielen Teilen, die alle für Dich da sind und die Dir helfen wollen, neue Möglichkeiten zu finden, so daß sie sich noch besser in Deine Persönlichkeit eingliedern – daß alle Teile in Dir noch besser miteinander vibrieren und Du noch natürlicher Deinen Weg gehst.

Und dann beginn damit, Dich zu entspannen. Atme tief ein und laß Deinen Körper ganz ruhig werden. Dein Gesicht, die Muskeln um die Augen und um den Mund – mit jedem Atemzug läßt Du die Anspannung rausfließen – ganz entspannt und ganz von allein. Die Muskeln um den Mund, die Lippen, die Zunge, den Kiefer, das Kinn – loslassen. Deine Kopfhaut, den Hals, die Schultern, die Arme runter bis zu den Fingerspitzen. Laß den Atem hineinfließen – atme ein und beim Ausatmen fließt alle Spannung hinaus, die vielleicht noch irgendwo ist. Und mit jedem Atemzug strömt Licht in Dich hinein und die Farben Deiner Quelle. Und alles Dunkle und aller Ballast, den Du nicht brauchst, der fließt heraus, so daß jede Zelle und jedes Atom licht wird und Heilung dorthin bringt, wo Heilung nötig ist. Und dann entspann Dich und laß los – Deinen Brustkorb, den Bauch, das Becken und die Beine runter bis zu den Füßen – loslassen – noch ein bißchen mehr – und noch mehr.

Und Du findest Dich auf einer Blumenwiese, auf der viele prachtvolle Blumen wachsen – jede einzigartig und einmalig. Und diese Wiese ist deshalb so wunderbar, weil jede Blume ihre eigenen Blüten zum Blühen bringt. Und schau Dich mal um und atme tief den Duft ein. Und lausche, was alles zu hören ist auf dieser Wiese. Und während Du auf dieser Wiese bist, läßt Du Dich, so natürlich wie all die Blumen, erfüllen und nähren vom Licht Deiner Kraftquelle. Du läßt Dich auf natürliche Art und Weise erinnern an Deinen Weg, an Deine Blüten, an Deine Schönheit und an die Weisheit in Dir. Und Du hüllst Dich ein in Deinen Schutz – mit jedem Atemzug ein bißchen mehr. So daß nicht nur die Blumen diese Pracht ausstrahlen, sondern Du genauso natürlich und selbstverständlich dasselbe tust. Indem Du losläßt und es geschehen läßt – mit jedem Atemzug ein bißchen mehr. Und Du fühlst Dich mit jedem Atemzug nicht nur noch ein bißchen ruhiger und entspannter, sondern auch noch ein bißchen geborgener. Dein ganzer Lebensplan wird aktiv und natürlich – und alles ist sinnvoll für Dich.

Und hier auf dieser Wiese kannst Du jetzt mit einem Teil von Dir Kontakt aufnehmen, den Du vielleicht vorher schon gewählt hast – vielleicht läßt Du ihn Dir aber auch von Deinem Unbewußten wählen. Ein Teil von Dir, der dringend etwas Heilung braucht – etwas von Deiner Quelle, von diesem Licht und den Tönen und Gerüchen, von der Freude und Liebe und Harmonie, so daß er in Resonanz sein kann mit den anderen Teilen. Vielleicht ist es ein Körpersymptom, ein Zweifel, ein Verhalten, das Du nicht magst und von dem Du möchtest, daß es transformiert wird. Und dort, weiter weg auf der Wiese, kommt dieser Teil, der für dieses Symptom oder diesen Zweifel steht, auf Dich zu. Und dann schau ihn

Dir an, wie er ausschaut. Und vielleicht kannst Du auch entdecken, daß er sich freut, weil Du endlich Kontakt mit ihm aufnimmst. Wie alt ist er? Ist er männlich, weiblich oder abstrakt? Und wie schaut er aus?

Und während er auf Dich zukommt, laß all Deine Liebe – alles was Du hast – diese bedingungslose Liebe mit ganz offenem Herzen zu ihm hinströmen. Und spür und schau, wie er darauf reagiert, wie er es akzeptiert und annimmt und sich vielleicht freut. Und während er näher und näher kommt und mehr und mehr von Deiner Liebe hinfließt, merkst Du, wie er sich verändert und wie er sich freut. Und wie Du Dich freust, daß er Deine Liebe annimmt. Und wenn er dann ganz bei Dir ist, dann nimm ihn bei der Hand und frag ihn, ob er Lust hat und bereit ist, mit Dir auf einen Berggipfel zu kommen. Und Ihr beide geht in die wunderbare reine und klare Luft, mit wunderschönen bunten Blumen und intensiven Düften, und Du kannst wählen, ob Du zum Berggipfel gehen willst, oder schweben oder fliegen – was Euch angenehm ist – bis ganz hinauf. Und es fällt Dir ganz leicht und Du spielst und hast Freude dabei.

Und oben auf diesem besonderen Berggipfel ist rund um Dich herum Dein Leben und Deine Lebensaufgabe ausgebreitet und das, wofür Du da bist. Und dann schau diesen Teil an – schau ihn an – und frag ihn, was er versucht für Dich zu tun. Frag ihn, was er erreichen möchte und auf was er Dich aufmerksam machen möchte. Vielleicht ist er bereit, es Dir zu sagen, vielleicht aber auch nicht. Aber spür in Dich hinein, daß es einen Sinn hat, daß dieser Teil da ist und daß er ein Teil von Dir ist – ob Du ihn magst oder nicht. Und wie er sich verändert, einfach dadurch, daß Du ihn annimmst.

Vielleicht sagt er Dir auch, was er beabsichtigt. Wofür er Dich ärgert und kitzelt und lästig ist. Und währenddessen zeigst Du ihm rundherum Dein Leben und Deinen Plan. Du zeigst es ihm und fragst ihn, wie weit er neue Möglichkeiten suchen möchte, damit er sich noch besser eingliedern kann in diesen Plan und noch leichter und besser mithelfen kann, diesen Plan zu leben. Damit sein Verhalten noch angemessener ist und noch besser, um Dein Leben und Deine Identität zu leben. Und während ihr beide betrachtet, was hier ausgebreitet ist, schau mal, wer neugieriger ist – der Teil oder Du.

Und während Ihr noch schaut, kommt von oben Deine Quelle zu Euch, vielleicht so wie Du sie kennst oder in Gestalt einer Person, aber mit den gleichen Qualitäten wie die Quelle. Und spür jetzt, wie Du die Gegenwart der Quelle empfindest – auf welcher Seite ist sie intensiver? Und Dein Teil geht hin zur Quelle, die alles heilen kann und die den ganzen Plan kennt. Die Quelle, die alles weiß, was Du an Weisheit und Schätzen besitzt. Die auch weiß, wie Deine Identität als Ganzheit ist. Und auf ihre ganz besondere Art heilt sie diesen Teil – ganz natürlich und selbstverständlich – während Du Dich ganz gemütlich irgendwo hinsetzt und zuschaust und beobachtest, wie diese Heilung und Transformation erfolgt. So daß dieser Teil ganz zu diesem wunderbaren Wesen wird, das er sein kann – ein ganz wunderbarer und wunderschöner, natürlicher Teil von Dir. Wie er mehr und mehr licht wird und farbig und bestimmte Vibrationen und Gefühle bekommt und sich dadurch verändert – sowohl spirituell wie auch geistig. Und so, daß er ganz leicht neue Verhaltensweisen findet, um sich noch besser und noch natürlicher zu integrieren und ein Teil Deiner Identität und Persönlichkeit zu werden – jetzt. Laß Dir diese Heilung schenken, die auch Deine ist.

Und strahlend und wunderbar schön kommt dieser Teil dann wieder zu Dir zurück. Vielleicht verändert er sich auch und wird zu einem Symbol. Und die Quelle hilft Dir, daß Ihr beide zusammenfließt – ganz natürlich und selbstverständlich. Und das Symbol steht da für das, was der Teil jetzt mitbringt für Dich. Und laß dieses Symbol ganz in Dein Herz hinein und werde eins mit ihm – jetzt – und um Dich herum bist Du eingehüllt in Deinen Schutz und in die Quelle. Und fast wie bei einem Regenbogen sind da die Farben um Dich herum. Fast wie eine Spirale aus wunderbaren Tönen und Klängen, die Du lauter werden läßt in Dir drin, mit dem Neuen, mit dem Wunderbaren. Und noch ein bißchen schöner und noch ein bißchen freier.

Und während Du Dich noch freust über das Neue, kommen rundherum am Berggipfel alle anderen Teile zu Euch und versammeln sich – egal ob Du sie kennst oder nicht. Und sie bilden einen Kreis um Dich herum. Und all jene Teile, die dringend auch ein bißchen Licht bräuchten – ein bißchen Licht oder Liebe oder Freude – treten hervor. Ein jeder einzeln – einer nach dem anderen – jetzt. Und während sie hervortreten, zeigst Du auch allen rundherum um den Berggipfel Dein Leben und Dein Ziel. Und Du bittest sie, ob sie noch besser und leichter und natürlicher mithelfen wollen, mit Dir Deinen Weg zu gehen, auf Deine Art zu blühen und Deine Melodie in Dir klingen zu lassen. Und jeder einzelne, der etwas braucht, tritt vor und die Quelle läßt alles hinfließen und hinströmen, bis auch der Teil auf natürliche Art neue Möglichkeiten findet, heil zu werden und sich einzugliedern. Daß er nicht mehr zu zweifeln und zu stören braucht, wenn Du Deine tägliche Arbeit verrichtest.

Und mehr und mehr strömt von dem Licht und mehr und mehr kommen die einzelnen Teile vor und lassen sich beschenken mit Licht und neuen Möglichkeiten. Und jeder Teil, der Heilung braucht, tritt hervor. Und all diese Teile, die um Dich herum im Kreis versammelt sind, helfen Dir, Deine Aufgabe zu erfüllen und Deinen Weg zu gehen, damit die Erde und alles was auf der Erde ist heilen kann. Damit Verbindungen hergestellt werden, nicht nur zwischen Dir und anderen Menschen, sondern auch zur Erde, zu Tieren und Pflanzen und zu allem, was uns umgibt. Verbunden und eingebettet sein. Dein Weg ist ein kleiner und doch wichtiger Baustein vom ganzen, großen Plan. Und wenn Du ihn nicht dazufügst, diesen Baustein, dann fehlt er. Niemand anderes kann das für Dich tun.

Und laß jetzt geschehen, daß alle diese Teile zusammenfließen und eins werden und ein wunderbares Mosaik ergeben, in dem jeder Teil ganz klar und deutlich seine Aufgabe hat und jeder sich in die Gesamtheit einfügt. Jeder hat seinen Platz und sein Ziel und trotzdem sind sie alle zusammen. Und wie sie zusammenfließen mit Hilfe der Quelle und in Dich hineinfließen und Du eins wirst mit ihnen – jetzt.

Und während das passiert, kommst Du zu einer höheren Vibration, zu einer höheren Frequenz und Du spürst das Vertrauen, daß Du geführt wirst und daß Du Helfer hast, die alle ihren Platz haben. Teile, die die Gesamtheit mehr und mehr wachsen lassen und nicht stören, so daß Deine Aufgaben möglich sind – privat und bei der Arbeit. Du weißt, daß alles seinen Platz und seine Zeit hat. Und Du spürst viel von dieser Erleichterung, daß diese Konflikte und Zweifel aufhören – jetzt. Und laß Dir helfen von der Quelle, daß all diese Heilung und all dieses Neue in alle Zellen fließt, in all Deine Hormone und in Deine DNA – und daß alles diese Neucodierung aufnimmt – natürlich und ganz selbstverständlich – jetzt.

Und während das natürlich weitergeht und jetzt vielleicht beendet wird, vielleicht aber auch in der Nacht noch weitergeht, während Du schläfst, läßt Du Dich in die Zukunft treiben – einen Monat später. Und Du erinnerst Dich wieder, wie Du diesem Teil begegnet bist, der Dich geärgert hat, der Dich zweifeln ließ oder Dich krank gemacht hat. Wie Du mit ihm in Kontakt getreten bist und wie er zusammen mit all den anderen Teilen von der Quelle geheilt wurde. Und wie Du seither in diesem Monat in vielen kleinen Situationen ganz unbewußt und automatisch diese neue Integration genossen hast. Und wie Du Dich neu verhalten hast und neu umgegangen bist mit Deiner Umwelt, die vielleicht manchmal mehr oder weniger überrascht war von Deinen neuen Verhaltensweisen, von Deiner neuen Ausstrahlung und Deiner neuen Ruhe und Sicherheit. Und wie Du denen, mit denen Du zusammen lebst oder arbeitest, liebevoll Zeit gibst, sich anzugleichen und sich einzustellen. Und wie sie bemerken, daß es noch schöner ist, mit Dir zusammen zu sein. Daß sie Dich noch lieber haben – privat oder beruflich. Und was für Dich schwerer war und was leichter war. Vielleicht ging es mit einigen Personen schneller und mit anderen langsamer – je nach Temperament. Und wie das alles jetzt, nach einem Monat, abgeschlossen ist.

Und Dein Körper kennt den Begriff Zeit nicht. Er ist in einem Monat da und er ist hier in diesem Raum und er ist auch in der Vergangenheit. Er ist hier – jetzt und da. Er kennt und weiß alles, was Du jetzt weißt und was Du dann weißt. Und Du spürst diese Natürlichkeit – und Du spürst, daß dort, wo dieses Körpersymptom war und der Schmerz von diesem negativen Verhalten, daß dort jetzt Licht ist, das sich ausdehnt und weit wird. Und Du läßt Dich noch einmal ganz bewußt heilen dort – ganz selbstverständlich und natürlich.

Und dann spürst Du, wie in Dir Neugierde und Lebendigkeit wach werden, alles neu auszuprobieren – ganz real und mit Deinem Körper. Mit Deinem Handeln und Tun, mit Bewegungen – allein und mit anderen. Und wie es Dir noch leichter möglich ist, Deinen Wert zu leben und Liebe zu verstreuen – Harmonie aus Deiner Mitte heraus. Und wie es Dir immer leichter fällt, in Resonanz zu sein mit Dir und mit anderen. Wie mehr und mehr die Neugierde steigt und Du spürst, wie der Körper sich bewegen will. Und wie Du vielleicht nur aufstehst und Lust hast, hinauszulaufen wie ein Kind. Die Luft zu atmen und die Blumen zu riechen – oder wie Du Lust hast, Musik aufzulegen und zu tanzen und Dich zu freuen, daß Du mit dabei bist und mit dazugehörst. Daß Du mit kreieren und gestalten darfst. Und dann atme tief ein und fang langsam an, Dich zu strecken und zu dehnen und komm dann wieder ganz hierher zurück in diesen Raum und zu Deinem Körper mit all seinen Teilen, die sich darauf freuen, licht und geheilt diese neue Lebensqualität mit Dir zu erleben.

Der Löwenzahn

Kraft aus der Mutter Erde

Mit dieser Reise kommst Du in Kontakt mit der Mutter Erde und gewinnst aus dieser Verbindung neue Kraft und Energie. Die Verbindung hilft Dir, Deine Wurzeln zu spüren und Dir Deines Ursprungs immer wieder aufs Neue bewußt zu werden.

Du kannst die Übung in einem Raum, aber auch in der freien Natur machen.

Nachdem Du für Dich selbst überlegt hast, ob Du eher ein luftiger Typ bist oder eher gut verwurzelt und geerdet bist, beginnst Du mit Atemübungen: Zuerst atmest Du durch Deine Wurzeln im Boden die Urkraft ein, läßt sie durch Dich strömen und gibst sie an das Universum ab.

Anschließend atmest Du die kosmische Energie des Himmels und des großen Ganzen ein, läßt Dich davon durchströmen und intensivierst mit jedem Ausatmen Deinen Bodenkontakt, indem Du Deine Wurzeln tiefer und tiefer gräbst.

Nachdem Du über die Schwelle in die andere Wirklichkeit gegangen bist, wirst Du zum Löwenzahn, der seine Wurzel tiefer ins Erdreich gräbt und über der Erde eine wunderschöne goldgelbe Blüte in das tiefe Blau des Sommerhimmels streckt.

Du spürst die Sehnsucht zu fliegen und verwandelst Dich in das Samenschirmchen, das von Wind davongetragen wird.

Nachdem Du eine Weile geschwebt bist, landest Du wieder und treibst wieder Wurzeln in den Boden und bringst wieder eine Blüte hervor.

Auch diese Blüte verwandelt sich wieder und Du schwebst wieder mit dem Samenschirmchen auf und davon. Und während Du schwebst, erinnerst Du Dich an Situationen in Deinem Leben, wo Du schon geschwebt bist.

Und während Du wieder landest, erinnerst Du Dich an Situationen, wo Du schon fest verwurzelt warst.

Und Du lernst, daß Du selbst bestimmen kannst, wann Du schweben willst und wann Du lieber verwurzelt bist.

Nachdem Du Dir schenken hast lassen, wie Du das in Zukunft noch leichter wechseln kannst, kommst Du wieder in Deinem Tempo zurück in diese Wirklichkeit und zu Deinem Körper.

Der Löwenzahn

Kraft aus der Mutter Erde

Mit dieser Reise kommst Du immer wieder aufs Neue in Kontakt mit der Erde, mit Deinem Ursprung und Deinen Wurzeln, aus denen Du neue Kraft und Energie tanken kannst. Gerade in einer Zeit, die sich in ihrem ganzen Denken und Handeln oft so sehr über die Erde mit ihren Pflanzen, Tieren und Mineralien hinweggesetzt hat, haben viele Krankheiten von Körper, Geist und Seele ihren Ursprung in dieser Entfremdung, weil wir nicht mehr im Einklang mit der Natur und ihren Gesetzen leben und vergessen haben, daß wir Teil dieser Schöpfung sind. Alte und neue Heilweisen machen sich dieses Wissen wieder mehr zu eigen und leben damit. Je mehr Du Dir diese Verbindung und liebevolle Nähe und Kraft der Mutter Erde bewußt machst, desto mehr kommst Du wieder in Balance und wirst heil und ganz.

Und dann mach es Dir erst einmal wieder ganz bequem, sei es im Liegen oder im Sitzen. Und vielleicht bist Du in einem Raum, der Dir ganz viel Ruhe und Stille schenkt, vielleicht magst Du diese Reise aber auch draußen im Freien machen, an einem Platz, wo es Dir gut geht und wo Du die Kraft der Mutter Erde direkt spüren und in Dich strömen lassen kannst.

Und beginne jetzt als erstes damit, einmal Dich selbst und Deinen Körper ganz bewußt wahrzunehmen – so wie Du jetzt gerade bist. Und spür mal, wie das ist mit Deiner Erdung: Bist Du jemand, der es genießt, festen Boden unter den Füßen zu haben, jemand, der es gewohnt ist, mit beiden Beinen fest im Leben zu stehen und dem Sicherheit und Standfestigkeit wichtig sind? Oder bist Du eher jemand, der ganz gerne ein bißchen über den Dingen schwebt, ein bißchen abhebt und träumt? Jemand, der gerne Luftschlösser baut und dem Leichtigkeit und Ungebundenheit wichtig sind?

Und dann geh auf Entdeckungsreise in Deinen Körper: Fühlt er sich kräftig und stark an, spürst Du Deine Wurzeln und Deine Erdnähe – oder fühlst Du Dich mehr leicht an und hast wenig Vorstellung davon, wie und wo Deine Wurzeln sein könnten?

Und egal, was Du jetzt herausfindest, das ist in Ordnung. Es paßt zu Dir und zu Deinen Werten, vielleicht sogar ganz wunderbar zu Deiner Lebensaufgabe. Gerade dann aber, wenn Du eher ein luftiger Typ bist, kann es immer wieder einmal hilfreich und notwendig sein, daß Du festen Boden unter den Füßen bekommst, damit Du nicht den Kontakt völlig verlierst zur Energie dieser Erde und zu den irdischen Bedürfnissen Deines Wesens. So wie es dem Schüler eines großen Meisters einmal ging, als er ihm von seinen höheren spirituellen Erfahrungen erzählte. „Wie schön", sagte daraufhin der Meister zu ihm, „Du bist wirklich ein Erleuchteter – und jetzt geh hin und grabe diesen Acker um." Nur wo beide Fähigkeiten da sind, kannst Du diese für Dich und für andere bestmöglich nutzen.

Aber auch, wenn Du sowieso mit beiden Beinen fest in diesem Leben stehst, wird Dir diese Reise neue Erfahrungen schenken, weil sie Dir helfen kann, diesen Kontakt ab und zu ein bißchen zu lösen und ein bißchen abzuheben, davonzuschweben und zu träumen.

Und so beginnst Du jetzt damit, ganz still zu werden in Dir und Deine ganze Aufmerksamkeit auf Deinen Atem zu richten – ohne ihn zu steuern oder zu verändern – einfach nur beobachten. Und vielleicht bemerkst Du, wie dieser Atem allein schon durch Deine Aufmerksamkeit ruhiger und tiefer wird. Wie er beginnt, Dich zu schaukeln und zu wiegen und Dir mehr und mehr Ruhe und Entspannung und innere Stille schenkt. Mit jedem Einatmen holst Du Dir ganz viel Energie und kraftvolle Ruhe aus der Mutter Erde, und mit jedem Ausatmen verströmst Du Dich hinaus in die Welt – mit all Deinen Werten, mit all dem, was Du selbst bist und was Du zu verschenken hast. Und je mehr Du verströmst, desto mehr Platz ist in Dir für immer neue Energie und Kraft der Mutter Erde – bei jedem Einatmen neue Kraft. Und mit jedem Atemzug verstärkt sich dieser Strom und verdichtet sich. Und das Fließen und Strömen wird stärker und stärker in Dir. Und vielleicht hat dieser intensive Energiestrom auch eine bestimmte Farbe, vielleicht ist es reines weißes Licht, vielleicht gibt es dazu auch Töne und eine wunderschöne Melodie. Vielleicht spürst Du dieses Vibrieren und Fließen und Strömen ganz intensiv in Dir, so daß Dein ganzer Körper zu kribbeln beginnt oder einfach nur wärmer und kraftvoller wird – vielleicht verströmst Du aber auch einen ganz feinen, zarten Duft, den Du genießt. Wie immer dieser Strom sich in Dir auch zeigt, er wird mit jedem Atemzug stärker und kraftvoller und fließender. Und Du spürst, wie Du immer ruhiger und stiller werden kannst in Dir und immer mehr nur noch Du selbst da bist.

Und wenn Du diese Ruhe spürst, dann beginne damit, Deinen Atemstrom zu verändern. Und diesmal holst Du Dir mit jedem Einatmen all die wunderbare Energie des Kosmos und des großen Ganzen in Dich hinein und spürst seine feine Schwingung, die Dich erhebt und heller und klarer werden läßt für alles Unbewußte und für all die Dinge auf anderen Bewußtseinsebenen. Und mit jedem Atemzug schenkst Du diese Energie der Mutter Erde zurück, indem Du mit jedem Ausatmen neue zarte Wurzeln in die Erde wachsen läßt. Mit jedem Einatmen nimmst Du mehr und mehr feinstoffliche Energie auf und mit jedem Ausatmen geht Deine Wurzel tiefer und tiefer hinunter und tiefer und tiefer ins Erdreich hinein. Und je vielfältiger und bunter und schöner die Energie in Dich hineinströmt, die mit dem großen Ganzen in Verbindung ist und die Teil Deines höheren Selbst ist, desto zarter und feingliedriger und differenzierter wird Dein Wurzelwerk im Boden.

Und Du wirst wie ein Baum – je größer seine Baumkrone wird und je stärker und schöner, desto tiefer und weiter wird auch sein Wurzelwerk. Ein Baum, der über der Erde so groß ist wie unter der Erde. Beides muß dasein. All diese vielen Wurzeln nützen nichts, wenn da keine Baumkrone ist, die sich mit ihren vielen Ästen und Blättern in den Himmel streckt – und der schönste Baum hat kein beständiges Leben, wenn er nicht mit der selben Intensität in der Erde verwurzelt ist. Es ist immer beides zusammen – in einem gesunden und ausgewogenen Baum. Nähe zum Himmel und die tiefe Verbindung zur Mutter Erde.

Und während Du noch weiter den Atem strömen läßt und Kontakt herstellst zur Mutter Erde, spürst Du, wie Du jetzt drüben in dieser anderen Welt, in der Du jetzt bist und in der alles möglich ist, zu einem Löwenzahn wirst und Deine lange Wurzel tiefer und tiefer geht, hinein in das warme, saftige, schützende Erdreich. Und Du wächst tiefer und tiefer und tiefer. Und gleichzeitig beginnst Du über der Erde, in der grünen Sommerwiese, Dich nach oben zu strecken, mit einer zarten Blütenknospe. Und Du spürst den Wind, der über die Blätter streicht und die warme Sonne am tiefblauen Sommerhimmel und Du hörst über Dir die Vögel zwitschern und siehst, wie sie leicht und frei durch die Lüfte schweben. Und während sich Deine Blüte behutsam öffnet und zu einem kleinen goldgelben Ebenbild der Sonne am Himmel wird, spürst Du die Sehnsucht in Dir, es den Vögeln am Himmel gleich zu tun und einfach abzuheben und zu schweben. Und die Sehnsucht wächst und Du spürst, wie die Kraft der Erde Dir die Fähigkeit schenkt, zu transformieren – Dich zu verwandeln. Und aus Deiner goldgelben Blüte entstehen hunderte von kleinen, hellen, luftigen Samenschirmchen. Du bist fruchtbar und trägst Samen in Dir, die doch so leicht sind, daß sie mühelos im Wind loslassen können und schweben.

Und Du bist einer dieser wunderbaren Samen, mit seinem luftigen, fedrigen Schirmchen und Du spürst, wie ein sanfter warmer Windhauch Dich von der Pflanze trennt – ganz leicht und behutsam. Und Du beginnst zu schweben – ganz leicht und wunderbar getragen auf dem Atem des Windes. Du siehst die bunten Blumen unter Dir, das Glitzern eines Baches und genießt die unglaubliche Leichtigkeit Deines Schwebens und Getragen-Seins. Und Du kommst dem Himmel in seinem tiefen Blau und den zarten weißen Sommerwolken näher und näher – bist frei und gelöst – ganz Du – schwebend und liebevoll getragen und geschaukelt. Und Du hast ganz viel Zeit, diesen Zustand zu genießen.

Und während Du da noch schwebst, siehst Du unter Dir einen wunderbaren Platz im satten Grün einer sonnendurchfluteten Wiese. Und Du spürst den tiefen Wunsch, dort wieder zur Erde zurückzukehren und Dich dort auszuruhen. Und sanft und behutsam setzt der Wind Dich dort ab und Du spürst wieder diesen intensiven Kontakt zur Erde, zu Deinem Ursprung, und beginnst, dieser Erde wieder näher zu kommen – mit neuen, zarten Wurzeln, die Du tiefer werden läßt und tiefer und tiefer in der Erde verwurzelst. Bis Du wieder ganz in ihr geborgen bist und aus ihrer Kraft neue Lebensenergie schöpfst. Aus der warmen, dunklen Tiefe des Erdreichs gewinnst Du all die Kraft, die Du brauchst, um zu dem zu werden, was Deine Lebensaufgabe ist, was Deine Bestimmung ist, für die Du auf dieser Welt bist. Und so wirst Du wieder zu einem wunderschönen Löwenzahn, der sich mit seiner goldgelben Blüte vom Wind schaukeln läßt und der Sonne entgegenstrahlt. Und Du spürst die Urkraft und Verbundenheit zu Deiner Mutter Erde und tankst all ihre Energie, die Dir Kraft und Sicherheit, innere Ruhe und Weisheit schenkt – bis da wieder diese Sehnsucht in Dir wächst und Dich transformiert. Und wieder erstrahlst Du als glitzernde zarte Kugel mit hunderten von feinen Samenschirmchen, die sanft und mühelos vom Wind davongetragen werden.

Und wieder bist Du eines dieser Schirmchen, das ganz einfach alles losläßt, was es an der Erde festgehalten hat, und das weggetragen wird von einem Windhauch – ganz sanft und schwebend und frei.

Und Du spürst, daß immer alles in Dir ist – die Erdverbundenheit und die Leichtigkeit des Schwebens. Daß eines das andere nicht ausschließt, sondern daß beides da ist und seine Berechtigung und seinen Sinn hat. Und während Du schwebst, erinnerst Du Dich an Situationen, dort in Deiner anderen Welt, wo es Dir auch schon gelungen ist, so leicht und frei und unbeschwert ein bißchen abzuheben und auf und davon zu schweben – getragen von Deiner Lebensfreude und Lebendigkeit und spielerischen Leichtigkeit. Und wie Du es machst, daß Du in diesen Zustand kommst. Ob es bestimmte Situationen sind, bestimmte Bilder, Worte, Melodien oder bestimmte Gefühle, die Dich abheben und ein bißchen über alles Alltägliche hinwegtragen. Und wie das Samenschirmchen kannst auch Du entscheiden, wann Du loslassen willst, wann Du Dich wegtragen lassen willst und wann Du lieber noch bleibst und sicher verwurzelt sein willst. Und Du entdeckst, daß es bestimmte Situationen gibt, wo es zu stürmisch und zu unsicher wäre, loszulassen und abzuheben und wo es besser ist, ganz intensiv verwurzelt zu bleiben. Und daß es dann aber auch wieder Situationen gibt, wo Du nicht mehr weiter kommst, wenn Du an Deinen Wurzeln klebst und sie nicht losläßt – weil es Dir dann nicht möglich ist, Dich auf Neues und Anderes einzulassen, was Dich weiterträgt.

Und während Du noch über diese Situationen nachdenkst, landest Du wieder ganz sanft und behutsam auf einer wunderschönen

Blumenwiese, ruhst Dich aus und beginnst zart und vorsichtig, Deine neu sprießenden Wurzeln auszustrecken und tiefer und tiefer in die Erde zu graben. Und während Du tiefer und tiefer hineintauchst in die Erde, erinnerst Du Dich an Situationen, wo es Dir da draußen in Deiner anderen Welt schon geholfen hat, daß Du tief verwurzelt warst – wo Dir Dein Verankert-Sein geholfen hat, neue Kraft zu schöpfen und wo es Dich davor bewahrt hat, ungeschützt mitgerissen zu werden in Situationen, die nicht gut sind für Dich und die Dich weit, weit weggetragen hätten von Deiner Bestimmung und Deinem Lebensauftrag. Und Du spürst, wie gut es ist, verwurzelt zu sein und machst Dir bewußt, wie Du es dort draußen immer wieder schaffst, Dich auf dem Boden der Tatsachen zu verankern, um Wurzeln zu schlagen und kraftvoll und sicher bei einer Sache und bei einem Standpunkt zu bleiben. Und vielleicht sind es auch hier bestimmte Situationen, die Dich zurückbringen zur Erde, vielleicht sind es auch hier Bilder, Worte, Melodien oder bestimmte Gefühle.

Und indem Du Dir diese beiden Pole – das Schweben und das Erden – mehr und mehr bewußt machst, lernst Du die Qualität von beidem zu unterscheiden. Du lernst zu erkennen, wo was besser paßt und entdeckst die Freiheit zu wählen. Du bist nicht mehr gezwungen, Dich von außen mitreißen oder wieder auf den Boden bringen zu lassen, sondern Du selbst weißt und entscheidest, wann es für Dich besser ist, loszulassen und wann es besser ist, in intensiver Verbindung mit der Erde zu stehen. Du entdeckst, daß es gerade dieses geistige Abheben ist, das uns in unserer Zeit so oft unsere Nähe und Verbundenheit mit der Natur vergessen läßt – daß unsere Entfremdung zur Natur mit der Höhe unserer Häuser wächst und daß es doch bei aller Entfremdung noch diese Sehnsucht nach urmütterlicher Geborgenheit gibt.

Und vielleicht magst Du Dir jetzt vornehmen, wie Du in Zukunft öfter und intensiver diesen liebevollen Kontakt zur Mutter Erde herstellen willst – vielleicht gräbst Du aber einfach Deine Löwenzahnwurzeln noch ein bißchen tiefer in die Erde hinein und läßt Dir von ihr selbst schenken, wie Du sie noch öfter und tiefer und intensiver erleben kannst, damit Du körperlich, geistig und seelisch noch harmonischer und gesünder wirst und damit Du noch mehr in Balance und in Resonanz mit Dir selbst und mit der Natur kommst.

Und dann nimm noch einmal ganz viel mit von den Erfahrungen, die Du mit dem Schweben und dem Erden gemacht hast, bevor Du Dich dann verabschiedest und Dich bedankst, für all das, was Dir die Mutter Erde geschenkt hat. Und wenn Du so weit bist, kommst Du zurück, hierher in diese Welt, aus der Du gekommen bist. Und spür wieder ganz bewußt Deinen Körper und Deinen Atem, streck Dich und dehn Dich und dann, wenn es für Dich gut ist, atme noch einmal tief durch, bevor Du wieder die Augen öffnest und ganz hier bist, in dieser wunderbaren Welt, mit ihrer Leichtigkeit und liebevollen Erdverbundenheit in Dir.

Liebevolle Berührung

Wonach wir uns wirklich sehnen, ist Berührung.

Diese Reise, die verbunden ist mit Atemübungen, kannst Du entweder als Trance machen oder zusammen mit einem Partner.

Bevor Du beginnst, überlege Dir, wie Du selbst mit Berührungen umgehst. Wieviel Du zulassen kannst, wieviel Du selbst andere berührst. Und wie bewußt Du berührst und welche Qualität diese Berührungen für Dich haben.

Und dann fang als erstes damit an, Deinen Atem tiefer und ruhiger werden zu lassen und dabei immer mehr zu entspannen.

Als nächstes stellst Du Dir vor, wie Du durch Deine Füße die Kraft der Mutter Erde in Dich hineinatmest und wie Du diese Energie durch den Kopf an den Kosmos, das Universum zurückgibst.

Und dann veränderst Du die Richtung und atmest die Energie des Universums durch den Kopf ein und läßt sie beim Ausatmen bei den Füßen hinausströmen, zurück zur Mutter Erde.

Und wenn beide Energieströme in Dir ganz stark geworden sind, dann kannst Du Dich in einen Schutzmantel aus Licht und Energie einhüllen, durch den nur kommt, was für Dich gut ist. Und vielleicht läßt Du die Energie aus Deinen Kopf strömen und Dich dann wie unter einer Dusche davon einhüllen, oder Du verströmst Deine Energie durch Deinen ganzen Körper und über ihn hinaus, bis der Schutzmantel entsteht.

Und bevor Du dann in Deiner Vorstellung oder mit Deinem Partner beginnst, mache Dir für Dich selbst bewußt, was Du mit Deiner Berührung möchtest: etwas verschenken, oder helfen, oder Dir etwas holen. Und jede Art ist in Ordnung – Du solltest es Dir nur bewußt machen und den Unterschied spüren.

Und beginne dann damit, daß Du Dir mit jedem Einatmen Zuwendung holst – von Deiner Quelle, von der Mutter Erde oder von Deinem Partner – und mit jedem Ausatmen liebevolle Energie verschenkst – an Deinen Partner oder zurück an die Erde. Und beides ist gleich wichtig und gleich gut – und beide Ströme werden gleich stark – egal, was Dir im Alltag vertrauter ist. Und Du kommst mehr und mehr in Resonanz mit Dir und dem anderen.

Und dann spür, wie Dein Körper empfindsamer wird, für das was Du bekommst und für die Bedürfnisse und Grenzen des anderen.

Dann legst Du in der Vorstellung oder real die Handflächen in die des Partners und spürst, wie Du mit der rechten Hand liebevolle Zuwendung empfängst und sie mit der linken Hand schenkst, so daß der Kreislauf zwischen Euch geschlossen wird.

Und nachdem Du Dir noch überlegt hast, wen Du vielleicht in Zukunft öfter berühren möchtest – sei es um Nähe herzustellen, sei es, weil es der andere braucht – kommst Du wieder ganz zurück ins Hier und Jetzt.

Liebevolle Berührung

Wonach wir uns wirklich sehnen, ist Berührung. Dieses Gefühl, angenommen zu sein und selber annehmen zu können. Wie wichtig für ein liebevolles und harmonisches Miteinander die Berührung ist, zeigt schon eine alte Erzählung aus dem Shiatsu, einer asiatischen Heilmassage. Zu einem Meister kam eines Tages eine verzweifelte Frau, die den Meister um ein Mittel bat, das dem Leben ihrer Schwiegermutter unauffällig ein Ende bereiten würde, weil sie es nicht länger in diesem lieblosen und bösen Zusammenleben aushalten würde. Der Meister gab ihr Tropfen, die sie täglich unbemerkt in den Tee geben sollte, wies sie aber zugleich daraufhin, daß dieses Gift nur wirken würde, wenn sie gleichzeitig jeden Tag eine ganz bestimmte Form der Shiatsu-Massage bei ihrer Schwiegermutter anwenden würde. Die Frau bedankte sich erleichtert und ging. Zwei Wochen später kam sie wieder völlig verzweifelt zum Meister zurück und bat ihn dringend um ein Gegenmittel, weil ihre Schwiegermutter und sie sich inzwischen viel zu lieb gewonnen hätten, als daß sie ihr noch den Tod wünschen würde. Da nahm sie der Meister liebevoll in den Arm und sagte ihr: „Die Tropfen, die ich Dir gegeben habe, waren gar kein Gift. Ich wollte Dir nur die Chance geben, Dich mit Deiner Schwiegermutter zu versöhnen – durch die liebevollen Berührungen, die Du ihr geschenkt hast."

Und so kannst auch Du Dir jetzt einmal bewußt Zeit nehmen, um hinzufühlen, wie Du selbst mit Berührungen umgehst. Wie oft und wie bewußt berührst Du andere – wie angenehm oder unangenehm ist es Dir, von anderen berührt zu werden. Und wenn Du jemanden berührst, wie bewußt ist Dir dann, welche Qualität diese Berührung hat.

Und so kannst Du diese Übung jetzt als Trance machen, Du kannst aber auch zusammen mit einem Partner ganz bewußt die verschiedenen Arten und Qualitäten der Berührung erleben und erfühlen.

Und so machst Du es Dir jetzt ganz bequem – und Du selbst entscheidest, wie das für Dich ist. Wie Du sitzen oder liegen willst, und ob Du Dich ganz leicht und spontan fallenlassen und loslassen kannst, oder ob Du Dir ein bißchen Zeit nimmst und Stück für Stück ein bißchen mehr losläßt und ganz allmählich tiefer und tiefer entspannst. Und wenn Du magst, kannst Du dazu Deinen Atem zu Hilfe nehmen, indem Du ihn einfach beobachtest, wie er fließt und strömt und immer tiefer und tiefer wird – einfach nur durch die liebevolle Aufmerksamkeit, die Du ihm schenkst. Und wenn ich sage, der Atem wird tiefer, dann spürst Du vielleicht, wie tief Du ein- und ausatmen kannst. Und immer noch ein bißchen tiefer als zuvor. Bis Dein Atem eine ganz andere Intensität erreicht, die es Dir möglich macht, noch mehr loszulassen und noch tiefer zu entspannen. Und mit jedem Einatmen kannst Du ganz viel inneren Frieden und Harmonie einatmen – und mit jedem Ausatmen kannst Du noch ein bißchen mehr von dem loslassen, was da in Dir noch an Blockaden ist – körperlichen oder gedanklichen. Und auch alle die Beliefs, die Dich immer wieder zwingen, die Kontrolle zu behalten, dürfen jetzt einfach hinausfließen und wegströmen – vertrauensvoll hinausgeführt durch Dein ruhiges tiefes Ausatmen. Und mit jedem Einatmen bekommen neue Beliefs Platz, die Dir die Kraft geben, Dir selbst und Deinem Atem zu vertrauen und in seinem Fluß ganz zu entspannen und loszulassen.

Und dann beginne damit, Deinen Atem ganz bewußt als Fluß zu benutzen, auf dem die Energien in Dir und um Dich herum strömen können. Und Du beginnst zuerst damit, mit jedem Einatmen die Energie der Mutter Erde durch Deine Füße in Dir aufzunehmen und mit jedem Ausatmen all diese Kraft durch Deinen Kopf in den Kosmos, ins Universum zu verströmen. Einatmen – Urkraft der Erde. Ausatmen – Verbindung zum Kosmos. Und mit jedem Atemzug verstärkt sich dieser Strom, bis Du ganz erfüllt bist von dieser wunderbaren Energie der Erdnähe.

Und während Du diese Energie in Dir noch weiter spürst, änderst Du die Richtung Deines Atems und läßt nun beim Einatmen die feinstoffliche Energie des Universums durch Deinen Kopf in Deinen Körper fließen und gibst sie mit dem Ausatmen zurück durch die Füße an die Mutter Erde. Und Du spürst die andere Qualität dieser Energie und wie sie auf Deinen Körper wirkt. Wie sie Dich ganz licht und hell und klar macht.

Und jetzt, wo Du diese beiden Energieströme in Deinem Körper zum Fließen gebracht hast, kannst Du diese Energien mit jedem Einatmen ganz intensiv in Deinem Körper zum Schwingen bringen und sie mit jedem Ausatmen aus Dir herausströmen lassen, wie einen Schutzmantel. Und vielleicht magst Du Dir dabei vorstellen, wie die Energie und das Licht beim Ausatmen aus Deinem Kopf fließt und Dich so von oben, wie unter einer Dusche, ganz einhüllt und bedeckt, bis Du auch äußerlich ganz licht und kraftvoll und liebevoll eingehüllt bist. Vielleicht magst Du Dir aber auch vorstellen, wie Du innerlich mit jedem Einatmen mehr und mehr zu strahlen beginnst, bis die Strahlen hell und licht sind und wie mit jedem Ausatmen Dein ganzer Körper und alle Deine Zellen von dieser Energie und diesem Strahlen durchflutet werden. Und wie sich diese Energie auch über Deinen Körper hinaus weiter verströmt, bis Du ganz eingehüllt bist in einen Mantel aus Licht und Energie.

Und während Du mit jedem Atemzug diesen Schutzmantel mehr und mehr werden läßt, spürst Du, wie dieser Mantel Dich schützen kann vor Berührungen, die Du nicht möchtest – und wie Du gleichzeitig vielleicht aber auch viel leichter und öfter Berührung zulassen kannst, weil Du durch den Mantel geschützt bist vor negativen Einflüssen. Und mit diesem Mantel als Schutz kannst Du nun beginnen andere zu berühren, sei es in Deiner Vorstellung und in Deiner eigenen inneren Welt, wo Du gerade bist, mit einem Menschen, an den Du jetzt gerade liebevoll denkst, oder aber auch mit dem Partner, mit dem Du diese Übung gerade machst.

Und bevor Du mit der Berührung beginnst, mach Dir für Dich selber genau bewußt, was Du mit dieser Berührung tun willst. Willst Du den anderen damit beschenken – oder ihm helfen – oder willst Du Dir damit Zuwendung holen. Und egal für was Du Dich entscheidest, das ist in Ordnung. Wichtig ist nur, daß es Dir bewußt ist, was Du tust. Und vielleicht bist Du eher jemand, der Berührungen verschenkt, dann laß Dich jetzt einmal ganz bewußt darauf ein, Dich durch Berührung beschenken zu lassen. Und Du mußt nichts dafür tun oder leisten – Du darfst es einfach annehmen und genießen. Und vielleicht bist Du jemand, der sich durch Berührung Zuwendung und Nähe bei anderen holt, dann spür jetzt einmal ganz bewußt für Dich, wie es ist, diese Zuwendung zu verschenken – und wieviel Du dadurch auch für Dich wieder zurückbekommst.

Und auch dieses Berühren laß wieder begleitet sein von Deinem Atem. Mit jedem Einatmen kannst Du Dir Zuwendung holen – vielleicht Zuwendung aus Deiner Quelle oder der Mutter Erde, wenn Du die Übung alleine machst – und vielleicht entdeckst Du dabei zum ersten Mal bewußt, wieviel liebevolle Zuwendung Du Dir selbst auch ohne andere schenken lassen kannst. Vielleicht machst Du die Übung aber auch mit einem Partner, dann kannst Du Dir ganz viel Zuwendung von ihm schenken lassen bei jedem Einatmen. Und mit jedem Ausatmen verschenkst Du Deine liebevolle Energie an Deinen Partner – und wenn Du allein bist, dann laß diese liebevolle Zuwendung zu Dir selbst strömen, zu Deiner Quelle, die immer für Dich da ist – oder zurück zur Mutter Erde, wenn Du die Zuwendung von dort bekommen hast. Und Du spürst, wie es in die Erde zurückfließt und wie es in Dir diesen Fluß lebendig hält. Und beobachte, welche Berührung Dir vertrauter ist und laß dann die unbekanntere Berührung noch ein bißchen mehr werden. Noch ein bißchen intensiver und tiefer – bis beides gleichwertig ist und Dich auf gleiche Weise bereichert und erfüllt. Und wie es Dir immer leichter gelingt, einmal ganz bei Dir selbst zu sein und anzunehmen, was Dir geschenkt wird und dann wieder ganz dem anderen zugewandt zu sein und ihm all die liebevolle Nähe zu schenken, zu der Du fähig bist. Und Dein Atem trägt und begleitet Dich dabei – immer wieder im Wechsel – geben und annehmen – verströmen und auftanken. Und Du spürst, wie beides gleich wichtig und gleich schön ist und wie Du um so mehr bekommst, je mehr Du verschenkst. Ein liebevolles, harmonisches Miteinander. Ganz in Resonanz mit Dir selbst und mit dem anderen.

Und während Du noch dieses Strömen von Schenken und Annehmen in Deinen Händen spürst, spürst Du mehr und mehr auch, wie Dein ganzer Körper transparenter wird für dieses Strömen – wie Deine Haut und Dein ganzer Körper immer empfindsamer und empfänglicher werden für diese Berührung und wie Du gleichzeitig auch sensibler und wacher wirst für Deine eigenen Grenzen und die

Grenzen Deines Partners. So daß Du immer leichter spürst und die Signale empfängst, wann der andere sich nach Berührung sehnt und wann seine Grenzen erreicht sind. Und indem Du das immer deutlicher wahrnehmen kannst, fällt es Dir immer leichter zu berühren, weil Du weißt, daß Du den anderen mit seinen Bedürfnissen niemals in seinen Grenzen verletzen wirst und daß Du ihm doch all die Zuwendung schenken kannst, nach der er sich so sehr sehnt. Und gleichzeitig spürst Du auch, daß Dein Schutzmantel Dir hilft, intensiver und leichter als bisher die liebevolle Zuwendung eines anderen anzunehmen – einfach fließen zu lassen. Zulassen können, ohne etwas dafür tun zu müssen – weder im Augenblick noch später – das Geschenk einfach zu genießen und sich in diesem Licht, dieser Wärme oder dieser inneren Melodie zu baden und mitzuströmen.

Und dann kannst Du noch in Deiner Vorstellung oder mit Deinem Partner ausprobieren, wie es ist, wenn Ihr gegenseitig die Handflächen ineinander legt und mit der rechten Hand liebevolle Zuwendung annehmt und mit der linken Hand diese liebevolle Zuwendung wieder verschenkt. Und wie es ist, wenn dieser kraftvolle Kreislauf von Schenken und Beschenktwerden geschlossen ist, wenn dieser liebevolle Fluß der Berührung durch Eure Hände, durch Eure Herzensmitte und durch Euren ganzen Körper strömt.

Und dann bleib noch ein bißchen in diesem Gefühl, bevor Du wieder ganz zu Dir selbst kommst und in Dir nachspürst, wie intensiv diese Erfahrungen der bewußten Berührung Deinen Körper verändert haben – und vielleicht ist er ein bißchen lichter geworden, vielleicht auch fließender und pulsierender, vielleicht ist da in Dir eine wunderschöne innere Melodie zum Klingen gekommen. Und Du weißt, daß wann immer Dir danach ist, Du diesen wunderbaren inneren Zustand durch die liebevolle Begegnung und Berührung mit anderen Menschen immer wieder für Dich haben kannst. Und vielleicht fällt Dir jetzt auch jemand ein, bei dem es Dir bisher völlig abwegig erschienen wäre, diese liebevolle Begegnung durch Berührungen zu erleben und wo Du jetzt vielleicht das Bedürfnis hast, die Kluft zwischen Euch mit einer liebevollen Berührung zu schließen. Vielleicht fallen Dir aber auch Menschen ein, von denen Du jetzt spürst, wie sehr sie sich Deine Berührung wünschen würden – und vielleicht gibt es auch welche, wo Du selbst Dich nach ihrer Nähe sehnst. Und Du weißt, daß Du auch das Recht hast, Dir diese Nähe schenken zu lassen und darum zu bitten – und daß Du einfach annehmen darfst – ohne erst etwas dafür leisten zu müssen.

Und während diese Energie der liebevollen Berührung noch in Dir nachschwingt, kommst Du ganz langsam und in Deinem Tempo wieder hierher zurück, in diesen Raum und ins Hier und Jetzt. Und wenn Du diese Reise als Trance gemacht hast, dann laß es noch in Dir nachwirken – und vielleicht magst Du Dir aufschreiben, was Du erlebt hast, vielleicht magst Du Dir aber auch Musik anmachen und Dich hineinbewegen in dieses Gefühl der liebevollen Berührung – wenn Du die Übung mit einem Partner gemacht hast, dann nehmt Euch noch ein bißchen Zeit füreinander und für den Austausch dieser vielleicht ganz neuen und intensiven Erlebnisse.

Anmerkungen

1. Kutschera, G.: *Tanz zwischen Bewußt-sein und Unbewußt-sein. NLP Arbeits- und Übungsbuch.* Junfermann: Paderborn, 2. Aufl. 1995, S. 155 ff.
2. Bandler, R., Grinder, J.: *Metasprache und Psychotherapie. Die Struktur der Magie I.* Junfermann: Paderborn, 8. Aufl. 1994

   Bandler, R., Grinder, J.: *Kommunikation und Veränderung. Die Struktur der Magie II.* Junfermann: Paderborn, 6. Aufl. 1994
3. Kutschera, G.: *Tanz zwischen Bewußt-sein und Unbewußt-sein. NLP Arbeits- und Übungsbuch.* Junfermann: Paderborn, 2. Aufl. 1995, S. 58
4. Erickson, M.H., Rossi, E.L.: *Hypnotherapie: Aufbau – Beispiele – Forschungen.* Pfeiffer: München 1981
5. Kutschera, G.: *Tanz zwischen Bewußt-sein und Unbewußt-sein. NLP Arbeits- und Übungsbuch.* Junfermann: Paderborn, 2. Aufl. 1995, S. 175 ff.
6. Kutschera, G.: *Tanz zwischen Bewußt-sein und Unbewußt-sein. NLP Arbeits- und Übungsbuch.* Junfermann: Paderborn, 2. Aufl. 1995, S. 28 ff.
7. Harbauer, E.: *Bachblüten-Meditationen. 38 Phantasiereisen zur Heilkraft der Bachblüten.* Junfermann: Paderborn 1996, S. 21

Weitere verwendete Literatur:

Bandler, R.: *Time for a Change. Lernen, bessere Entscheidungen zu treffen.* Junfermann: Paderborn 1995

Bandler, R., DeLozier, J., Grinder, J.: *Patterns of Hypnotic Techniques of Milton H. Erickson, M.D. Vol. II.* Meta Publications: Cupertino 1976

Bandler, R., Grinder, J.: *Neue Wege der Kurzzeit-Therapie.* Junfermann: Paderborn, 11. Aufl. 1994

Bandler, R., Grinder, J.: *Reframing. Ein ökologischer Ansatz in der Psychotherapie (NLP).* Junfermann: Paderborn, 6. Aufl. 1995

Bandler, R., Grinder, J.: *Therapie in Trance. Kommunikation mit dem Unbewußten.* Klett-Cotta: Stuttgart, 4. Aufl. 1989

Bandler, R., Grinder, J.: *Patterns. Muster der hypnotischen Techniken Milton H. Ericksons (Vol. 1).* Junfermann: Paderborn 1996

Castaneda, C.: *Reise nach Ixtlan. Die Lehre des Don Juan.* Fischer: Frankfurt 1975

Castaneda, C.: *Eine andere Wirklichkeit. Neue Gespräche mit Don Juan.* Fischer: Frankfurt 1973

Castaneda, C.: *Das Feuer von innen.* Fischer: Frankfurt 1984

Erickson, M.H., Rossi, E.L.: *Der Februarmann*. Junfermann: Paderborn, 2. Aufl. 1994

Erickson, M.H., Rossi, E.L., Sheila, L.: *Hypnose: Induktion – Psychotherapeutische Anwendung – Beispiele*. Pfeiffer: München 1978

Gilligan, S.E.: *Therapeutic Trances*. Bruner/Mazel: New York 1987

Gordon, D.: *Therapeutische Metaphern*. Junfermann: Paderborn, 5. Aufl. 1995

Gordon, D., Meyers-Anderson, M.: *Phoenix. Therapeutische Strategien von Milton H. Erickson*. Isko-Press: Hamburg 1986

Houston, J.: *Der mögliche Mensch*. Sphinx: Basel 1984

Kutschera, G., Bachler, P.: *Resonanz lernen mit NLP. Handbuch für Multilevel-Kommunikation*. Junfermann: Paderborn 1995

Kutschera, G., Carl, R., Pfeffer S.: *Resonanz in Partnerbeziehungen. NLP – in Harmonie miteinander leben*. Junfermann: Paderborn 1995

Lankton, C.H., Lankton, St.R.: *Geschichten mit Zauberkraft. Arbeit mit Metaphern*. Pfeiffer: München 1993

Masters, R., Houston, J.: *Phantasie-Reisen*. Goldmann: München 1989

Rosen, S.: *Die Lehrgeschichten von Milton H. Erickson*. Isko-Press: Hamburg 1985

Sharamon, Sh., Baginski, B.J.: *Das Chakra-Handbuch*. Windpferd: Aitrang, 7. Aufl. 1990

Stangl, M.-L.: *Die Welt der Chakren. Praktische Übungen zur Seins-Erfahrung*. ECON: Düsseldorf 1989

Stevens, J.und L.: *Zur Quelle der Kraft*. Hermann Bauer Verlag: Freiburg, 3. Aufl. 1995

Zeig, J.K.: *Meine Stimme begleitet Sie überallhin. Ein Lehrseminar mit M.H. Erickson*. Klett-Cotta: Stuttgart, 3. Aufl. 1988